U0927408

每天懂一点

性格心理学

[日] 木瓜制造 / 原田玲仁 = 著　　郭 勇 = 译

CNS　湖南文艺出版社 HUNAN LITERATURE AND ART PUBLISHING HOUSE　博集天卷 CS-BOOKY

图书在版编目（CIP）数据

每天懂一点性格心理学 /（日）木瓜制造，（日）原田玲仁著；郭勇译．
—长沙：湖南文艺出版社，2012.11
ISBN 978-7-5404-5813-3

I. 每… Ⅱ．①木… ②原… ③郭… Ⅲ．①个性心理学－通俗读物
Ⅳ．① B848-4
中国版本图书馆 CIP 数据核字 (2012) 第 238088 号

著作权合同登记号：18-2012-443，18-2012-444

上架建议：心理学・时尚读物

每天懂一点
性格心理学

著　　者：（日）木瓜制造 / 原田玲仁
译　　者：郭　勇
出 版 人：刘清华
责任编辑：丁丽丹　刘诗哲
监　　制：蔡明菲　潘　良
策划编辑：李彩萍
装帧设计：张丽娜
出版发行：湖南文艺出版社
（长沙市雨花区东二环一段 508 号 邮编：410014）
网址：www.hnwy.net
印刷：北京京都六环印刷厂
经销：新华书店
开本：880mm × 1230mm　1/32
字数：228 千字
印张：8
版次：2012 年 11 月第 1 版
印次：2017 年 1 月第 5 次印刷
ISBN：978-7-5404-5813-3
定价：32.80 元
质量监督电话：010-59096394
团购电话：010-59320018

前言

“我想改变一下自己。”

您可曾有过这样的想法？通过改变自己，可以获得全新的人生，相信很多朋友都有过这样的期待。

人是一种不容易满足的动物。其实，每个人都有改变现状的愿望，即使现在的生活已经很美满，但人还是想过与现在不同的生活。然而，说到改变自己，只改变外表没什么意义，只有深入挖掘自己的内涵，改变其中的缺点，才能活得更加自在，更像自己，更有个性。

想要从内涵上改变自己，不断地自我修炼是必不可少的。但是，在修炼的过程中始终不应忘记“自己的个性”。为什么这么说呢？因为人如果活得没有个性，那么不管怎么改变，都不是自己真正想要的生活，都无法得到最终的幸福。

本书是一本心理学入门书籍，我以心理学中的“深层心理学”“性格心理学”等理论为基础，再加上脑科学的相关知识，教您一些自我修炼的方法，借此帮您更加深刻地了解自己，帮您表现出自己的个性，帮您找到自己真正想要的生活。

本书主要由七个章节构成。

第一章，“我为什么会做那种事？”在现实生活中，我们常会为自己的行为感到烦恼，比如做事总是没长性、电视购物上瘾等。我将分析这些行为的心理背景，从而帮您从根源上改变自己的不良习惯。

第二章，“通过深层心理学和性格心理学了解自己真实的内心”。本章中有趣的性格测试可以帮您了解自己的性格。此外，我还会为您介绍性格是如何形成的，并带领您尝试通过“梦”来分析自己的内心。

第三章，“活出自我，活出个性”。性格该如何改变呢？个性该如何表现呢？本章将教您解决这些问题的方法。

通过前三章的学习，您就可以从一个全新的角度来审视自己，了解自己深层内心所想的东西，以便把自己修炼成更加完美的人。

在人的自我修炼中，人际关系是非常重要的一个方面，而在人际交往中，到处都有当事人性格的烙印。从第四章开始，我将按照从相识、相处到相知的顺序，为您介绍人际交往中需要用到的心理学，并探讨人类的思维模式、行为倾向等性格方面的内容。

第四章，“邂逅的心理学”。人与人初次见面时，会呈现出怎样一种心理状态呢？这一章中讲述了不少让初次交往变得更加轻松的心理效应。

第五章，“加深关系的心理学”。利用本章介绍的心理效应，可以帮助我们在职场、学校、社会中加深与他人之间的关系。

第六章，“修复关系的心理学”。我们的人际交往不可能总是一帆风顺的，难免会和别人闹别扭，或者遇到令人头痛的对手。这一章中的心理效应将帮您改善人际关系，并教会您和难缠的对手打交道的方法。当然，并不是每个人都存在这样的社交问题，您可以只选择适合自己的部分阅读。

第七章，“了解对方心思、传达自己意图的心理学”。这一章将向您说明除了语言之外，还有很多重要的交流方式，并教会您准确把握对方心思、正确传达自己意图的方法。

本书介绍的心理学知识虽然听起来深奥无比，但我将用生动、浅显的语言为您讲解，保证让您理解无障碍，而本人最擅长的就是从与众不同的角度分析人们的心理。总之，我将从心理学的基础知识出发，通过无数有趣、实用的案例为朋友们进行解说，再辅以形象生动、诙谐搞笑的漫画，一定让您在捧腹大笑的同时学到心理学技巧。

此外，以可口可拉为首，本书中活跃着一群大洋洲珍稀动物，它们演出的爆笑漫画将带您走进一个奇妙的人际关系心理学世界。

木瓜制造 / 原田玲仁

每天懂一点·性格心理学/目录

CONTENTS

CONTENTS

第五章 加深关系的心理学

第六章 修复关系的心理学

CONTENTS

登场人物介绍 1

可口可拉

◎分类：哺乳纲有袋目考拉科
◎栖息地：日本
◎体长：80~100cm

可口可拉是栖息于澳大利亚大陆的考拉的亚种，最近才在日本发现它们的踪迹，属于非常珍稀的物种。它们全身覆盖着粉红色的软毛，主要生活在树上，但由于在日本没有天敌，现在也经常在白天到树下活动。它们的智商相当高，可以听懂人类的语言。不过，它们并不善于和同类考拉以及其他动物交往。顺便介绍一下，日本职业棒球队“中日龙”队的吉祥物也是一只考拉，但它会后空翻，是一只极其灵活的考拉。

【性格】大部分时间温厚、稳重，偶尔也会毒舌伤人。它们的内心十分细腻、敏感，遇到烦恼或被人说两句，就会抱着树大哭。

【饮食】和人类一样，只比我们多吃一种食物，那就是桉树叶。可是一般考拉只吃桉树叶。

【日常生活】兴趣广泛，钓鱼、象棋等都是可口可拉的大爱。不过，其他动物擅长的运动项目，可口可拉都不喜欢。它喜欢独自一个人享受休闲的乐趣。

登场人物介绍 2

塔斯马尼亚欢獾

◎分类：哺乳纲袋鼬目袋鼬科袋獾属

◎栖息地：澳大利亚塔斯马尼亚州、日本

◎体长：60~90cm

塔斯马尼亚欢獾原本只生活在澳大利亚的塔斯马尼亚州，后来因日本和澳大利亚进行人才交流，才来到日本，并定居下来。它们全身覆盖着黑色或灰色的毛，胸前有一道显眼的白毛。可能是由于基因突变的关系，到了日本后它们进化出直立行走的能力。它们虽然有尖利的牙齿，但在日本没有天敌，所以几乎用不上这些牙齿。塔斯马尼亚欢獾原本是夜行性动物，但了解到熬夜对身体不好之后，就改在白天活动了。顺便说一句，它们虽然和北京奥运会吉祥物福娃欢欢的名字发音相同，但彼此并不认识。

【性格】塔斯马尼亚欢獾基本上比较温厚甚至胆小，总是一副害羞的样子，所以有时有心里话也不好意思说出来。它们爱哭，所以手帕始终不离手。

【饮食】塔斯马尼亚欢獾本来喜欢吃肉，但到日本之后，开始喜欢吃水果和蔬菜。所以，现在生活在澳大利亚的袋獾时常嘲笑它们说："到日本后，它们已经变成食草动物了。"

【日常生活】塔斯马尼亚欢獾是可口可拉为数不多的朋友之一，经常能看到它们和可口可拉在一起。它们没有什么"领地意识"，打心里希望与别人搞好关系。

登场人物介绍3

雨伞蜥

◎分类：爬行纲有鳞目飞蜥科斗篷蜥属
◎栖息地：日本
◎体长：80~100cm

雨伞蜥，脖子上长有雨伞一样的皮膜。20世纪80年代，日本掀起了一股伞蜥热潮，很多人把它们当宠物收养。在这个热潮中，有的普通蜥蜴在脖子上套上雨伞也冒充伞蜥来到日本，后来经过繁殖形成了新型物种——雨伞蜥。因此，它们的雨伞是可以脱下来的。可是，没想到来到日本后不久，“伞蜥热”很快退潮，人们开始养其他宠物，雨伞蜥也渐渐淡出了人们的视线。特别介绍一下，它们脖子上的雨伞不是用来威慑敌人的，而是偷偷拍马屁时用来掩人耳目的。

【性格】面对比自己强大的对手时，它们唯命是从；而面对比自己弱小的对手时，它们又会强硬起来。是典型的墙头草，风往哪边吹就往哪边倒。

【饮食】基本上是肉食动物，吃小型蝶螈、蜥蜴等。但遇到好吃的蔬菜、水果，它们也不会放过。在饮食方面缺乏节制，经常暴饮暴食。

【日常生活】它们始终跟在强者身边，以寻求庇护。激怒对方时，它们会用后腿站立起来逃跑，逃跑的速度在蜥蜴家族中算是最快的。

登场人物介绍 4

痞袋鼠

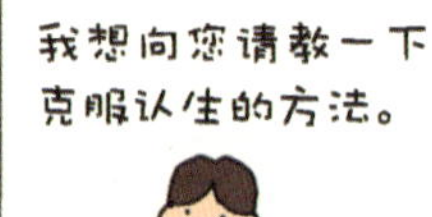

◎分类：哺乳纲有袋目袋鼠科痞子属
◎栖息地：日本
◎体长：100~150cm

痞袋鼠有一身红褐色的毛皮，肚子上有一个袋子，还有一双大脚。不管白天黑夜、晴天雨天，它总是带着一副大墨镜。有人说它是不想让别人看到自己的目光，生怕别人猜透自己的心思。痞袋鼠虽然品行不端，但头脑灵活，对一般社会都能很好地适应，通俗地讲就是“混得不错”。痞袋鼠肚子上的袋子不是育儿袋，而是藏匿非法武器的地方。

【性格】自我中心主义者，只要自己舒服就行，从来不管别人感受。痞袋鼠具有攻击性性格，讲话很强势，总是威吓其他动物。

【饮食】痞袋鼠是食草动物，几乎所有种类的草都是它们的食物。不过，有时也吃一些昆虫、树木果实等。平时香烟不离手，因此健康受到损害，食量很小。

【日常生活】痞袋鼠后肢发达，跳跃行进，速度相当快。一旦遇到不如意的事情，它们就会从肚子上的袋子里掏出拳击手套，摆出打架的姿势。

序 章

我们的身体里潜藏着另外一个自己，它会在我们身边轻轻耳语,帮助我们做判断。这便是“潜意识”。在序章中，我将为您介绍什么是“潜意识”，以及了解“潜意识中沉睡的自己”的重要性。

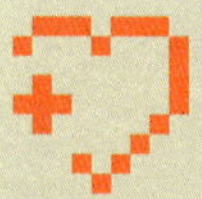

身体里潜藏着另一个自己

~ 显意识与潜意识 ~

我们人类在采取行动前，会进行思考。

例如，电视购物节目中介绍了一种看起来既方便又实用的商品，之后我们的大脑就会想象出自己实际使用这种商品时的情景，借此对其实用性进行判断。如果断定该商品果然实用，而自己又有闲钱的话，很多人就会打电话订购。又例如，当我们得知某个地方比较危险后，就会极力避免去那个地方。

我们人类为了维护自身的利益和安全，在采取行动前都会根据“合理的理论”对事物做出判断。心理学中将我们做出这种合理判断的意识称为“显意识”，又称为“表层意识”，即理性地控制自己的意识。

除了显意识外，我们还有一种“潜意识”。在潜意识中，积累着已经忘记的（至少自己是这样认为的）记忆、被压抑的欲望和固有观念等。潜意识也叫“无意识”，它帮我们做出直觉性的判断。

当我们与某个人初次见面时，大脑中会产生一种直觉，例如“不知为什么，我很喜欢他”。这个判断好像不是自己做出来的，而是感觉有人在身边轻轻耳语一样。这很有可能就是受到了自己潜意识影响的结果。

据说，显意识的作用还不及潜意识的十分之一。而且，潜意识会优先于显意识发挥作用。很多情况下，都是由潜意识出发做出判断的，而这个过程我们根本觉察不到。也就是说，好像有另外一个自己在帮我们做判断一样。

有时，我们的显意识想“再积极一点儿、大胆一点儿”，但最后总是不自觉地做出否定的、消极的判断。这很可能就是由于“我不行”这个固有观念沉睡在我们的潜意识当中造成的。所以，我们有必要对自己的潜意识有所了解，然后让潜意识和显意识和谐共处，共同为我们的成长出力。

1

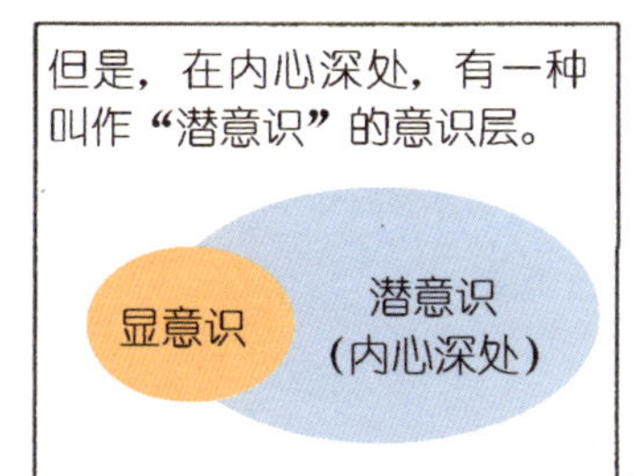

2

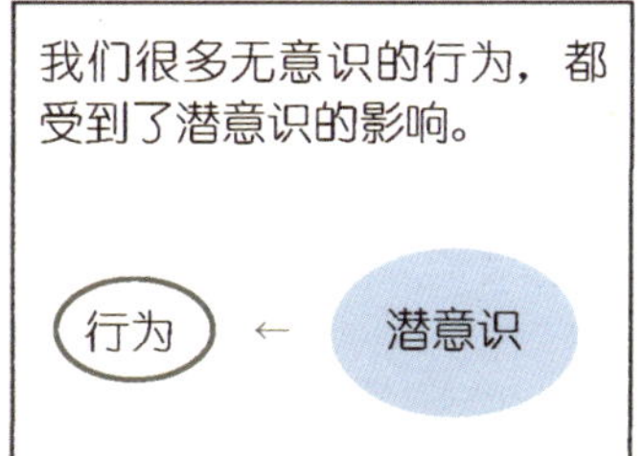

3

4

5

6

与我们能够觉察到的“显意识”不同，“潜意识”潜藏在我们心底，自己是觉察不到的（意识不到）。潜意识也叫作“无意识”，是弗洛伊德（1856—1939）首先提出的概念。潜意识中积累着我们想忘掉的记忆或不愿承认的感情等。

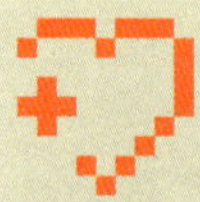

磨炼自己，有个性地生活

~ 我们不了解自己原本应有的样子 ~

了解了潜意识中沉睡的“自己的样子”，很可能会帮我们找回自己原本应有的样子。

在这本书中，我将从心理学的角度出发，和大家一起分析探讨如何更深入地了解原本的自我，如何进行自我修炼，以及如何活得更有个性。

那么，所谓“活得有个性”到底是指一种什么样的状态呢？

最近，缺乏信心、看不到自己的优点甚至自我厌弃的人一直呈增长的趋势。另一方面，只觉得自己是最好的，从不考虑他人的感受，以自我为中心的人也不在少数。不过，这绝不是“有个性”的表现。

那么，人要活得有个性，需要具备哪些条件呢？

人在青少年时期，通过不断地探索“我是谁？”“应该做什么？”“如何与人交往？”等问题，使自己慢慢确立了“自我同一性”。

然而，近些年来有不少人在青少年时期缺失了这一环节，即在没有确立“自我同一性”的情况下，他们就已长大成人。正是出于这个原因，他们迷失了自己的“个性”。

在心理学中，所谓“个性”，就是对自己充满自信，不受他人意见的左右，可以自如地表达自己认为正确的意见和分享自己喜欢的事物。而且，有个性的人并不会只考虑自己的感受，而是会在尊重他人情感的前提下，表达自己想说的话，推进自己想做的事情。这样一来，他们可以感觉到社会和周围的人需要自己，从而充实地度过每一天。

我认为，这才是所谓的“个性”。

自我同一性，是美国精神分析学者埃里克·埃里克森提出的概念。人在青少年时期会思考“我是谁”之类的问题，通过找到自己理想的职业，确立自己与社会的关系，来形成自我、完善自我，从而实现独立并形成完整的人格。自我同一性确立之前的准备期，称为“未成熟期”。

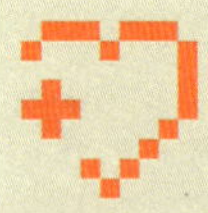

利用色彩心理学，有益修身养性 1
“冷静地审视自己”

借助色彩心理学，我们可以更好地审视自己、磨炼自己。当您希望冷静地审视自己时，建议您穿着绿色或蓝色的服装。

1. 绿色服装

绿色，具有让人精神稳定、内心平静的效果。当人心平气和的时候，可以更加冷静地面对自己、审视自己。不仅如此，绿色还可以带给人果断的判断力。所以，当我们开始做某件事情时，穿着绿色的服装会让我们冷静和果断地采取行动。

2. 蓝色服装

蓝色不仅能让人的内心冷静下来，还有集中注意力的效果。此外，蓝色还能激发出我们的创造力。所以，分析和思考事物时，特别适合穿着蓝色的服装。当身体疲惫时，穿明快的蓝色或天蓝色服装也有助于我们休息和恢复体力。

第一章

我为什么会做那种事？

~ 性格和行为背后的心理 ~

有的人不经意间就撒了谎，而有的人总是感到焦躁不安，人为什么会有这样的行为呢？在本章中，我们将一起探索人类的内心世界，寻找性格和行为背后隐藏的心理。

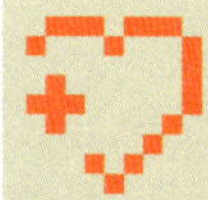

自己察觉不到的性格和行为

~ 自己，并不是最了解自己的人 ~

“只有我最了解我自己。”很多人都认为这是理所当然的。

可是，事实果真如此吗？

我们所了解的自己的性格，其实只是内心中极其微小的一部分。

实际上，我们的大部分性格都沉睡在内心深处，不被我们所察觉。在自我评价的时候，有人会说：“我是 × × 性格。”其实，他最多说出了自己性格的一小部分。

举例来说，有的朋友会批评我们“做事没长性”“有时有点儿软弱”等。听到后，我们很可能会立即反驳：“你根本不了解我的性格，还乱评价我。”其实，对方的评价，很可能是正确的。

确实有很多人只看到他人表面行为所体现出的一些性格，就对其进行不负责任的批评。然而，如果是朋友提出的批评，那大多是真诚的。他们指出的多半是我们自己尚不了解的、深层次的性格。

不管怎么说，我们所了解的自己的性格和行为模式，只是非常小的一部分。实际上，我们并不十分了解自己。

在本章中，我们将从“深层心理学”“性格心理学”“行为心理学”以及脑科学等多种角度来分析和研究人不知不觉做出的行为，以及明知不对但就是难以改变的性格等。没准儿，这将成为您深入了解自己的一个契机。

我为什么会这样思考问题？我为什么会做出这种行为？我们将找出那个在背后“控制”我们的另外一个自己。

1

2
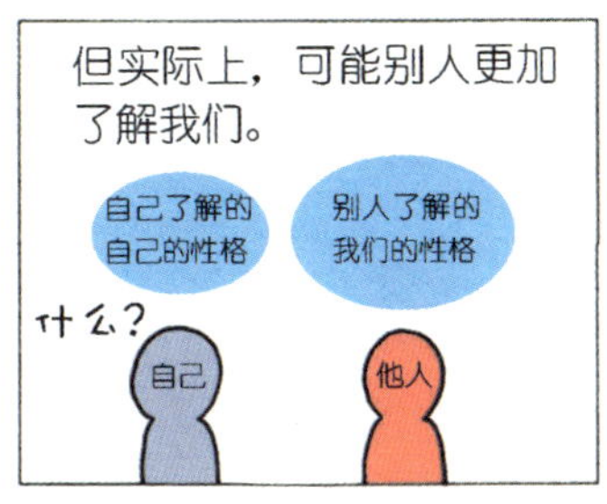

3

4

5

6

深层心理学

深层心理学，是研究在潜意识（无意识）领域中人的心理活动的心理学学科。深层心理学认为人的行为中有自己意识不到的动机，它可能潜藏在人的内心深处。深层心理学的代表学派有弗洛伊德开创的精神分析学派和荣格开创的分析心理学派。

为什么我做事没长性?

~ 动机和评价是关键 ~

当我们进行函授教育、跑步健身、减肥等需要长期坚持的活动时，常常会出现虎头蛇尾、三天打鱼两天晒网的状况。即使有一天发誓“这次我一定要坚持到底”，但用不了多久，还是会松懈下来。因此，有不少人会叹息道：“我的意志力怎么就这么薄弱啊！”

还有一部分人会为此讨厌自己，甚至变得消沉。

确实，持之以恒地坚持做一件事情，拥有强大的意志力是必不可少的。但是，没有长性并不一定是意志力薄弱的结果。所以，因为做事情没长性就讨厌自己，实在没有必要。

对于函授教育、跑步健身、减肥、学习外语、戒烟等让人“痛苦”的事情，基本上所有人都不太想坚持下去，长期坚持十分困难。

要想长期坚持做一件事情的话，“动机”和“评价”是关键。“动机”又分为“外部动机”和“内部动机”两种。所谓“外部动机”就是社会的体统、来自别人的压力等。比如，有的胖人就是受到了别人的言语刺激，才开始减肥的。“内部动机”则是驱使自己做某件事的意志，那是自己的意志。比如，因为有了心上人，为了取悦对方，才开始减肥。这便是受到内部动机驱使产生的行为。

当然，有“内部动机”的话，我们更容易坚持下去。如果只有“外部动机”，是被迫为之的话，那就很难坚持下去了。我们总会给自己找各种理由停滞不前。

此外，人还有一种倾向，即在做某件事的时候，如果得不到正面的“评价”，或者说，得不到好的结果时，就难以坚持下去。比如，减肥、学习等行为，其效果并不是立竿见影的，所以这也成为阻碍我们坚持下去的重要因素。因为想要得到好的结果都必须花费相当长的时间和做出坚持不懈的努力，在这个过程中，如果不能想办法激发自己的热情坚持下去的话，很容易就半途而废了。

1

2

3

4

5

6

动机

外部动机，主要来自于义务、强制等外在因素，大多有一个明确的目标。内部动机，主要是受好奇心、自我成长的需要等驱使的，不光是为了实现目标而行动，行动本身就是目的。

坚持到底的心理技巧——第 74 页和第 76 页

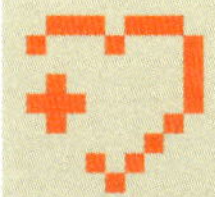

为什么我对自己缺乏信心?

~从成功体验中产生的一种“确信”~

在各种各样的情况下，人都有可能表现出“没自信”。比如，当我们准备挑战某项新工作时，有时会因为缺乏自信而畏首畏尾、停滞不前。

那么，“自信”到底是个什么东西呢?

“自信”，是肯定、相信自己，并给予自己正面评价的能力。心理学中认为，“自信”和“自尊感情”之间有着非常密切的联系。

“自信”是自己给自己确立的，它与客观评价没有关系，所以“自信”是自己的一种主观“确信”。一个人是否有自信，是由他的经历决定的。而为人的自信提供支持的，正是以往的成功体验，或者与成功有关的体验。

随着成功体验和相关体验的不断积累，人就会产生自信，而且还会感觉自己具备了根据实际情况随机应变的能力。

当然，自信还会受到个人性格的极大影响。思维方式积极向上的人，会主动挑战各种各样的事物。不管成功还是失败，他们都会把这段经历保存下来，从中汲取经验教训，并将其转变为自信。

反之，对什么事情都缺乏自信的人，一般都比较悲观。他们畏惧失败，也常常会因为失败遭受巨大的打击。之后，由于担心失败，做事时会表现出畏首畏尾、缺乏自信的状态。如此一来，引起再次失败的可能性非常大，而失败的经历又使他们进一步丧失了信心。结果，就陷入一种难以遏制的恶性循环之中。

由此可见，有自信比没自信要好一些。不过，如果过度自信，也很麻烦。过度自信的人容易忽视细节，从而招致大的失败。而且，过度自信的人会给周围的人造成压力，使他人不愉快。

总之，缺乏自信和过度自信，都不会带来好的结果。

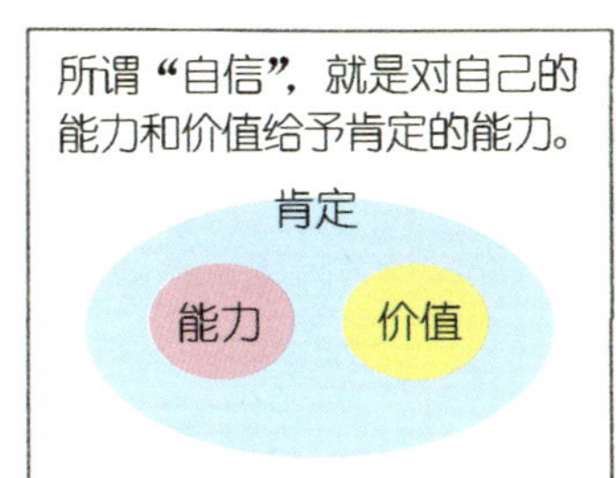

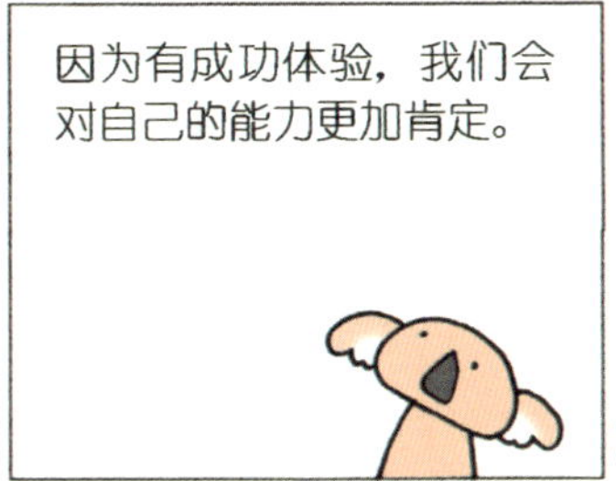

不断积累成功体验，就可以形成自信。

好嘞！

好不容易学了几句英语，一定要实践一下！

3

自尊感情

自尊感情，是一种认为自己有价值的感情，也叫“自尊心”。自尊感情并不是我们时时都能意识到的，但它却在背后为我们的行为、态度等提供支持。自尊感情高的人，认为自己是有价值的，不容易受到别人评价的影响，一般都表现得很有自信。

建立自信的心理技巧——第 78 页和第 80 页

为什么我总是焦躁不安？

~ 这是一种自我保护的防卫反应 ~

在饭店吃饭时，因为菜上晚了，有不少人会感到焦躁不安。打电话时，对方态度无礼，很多人也会感到焦躁不安。类似的情况还有很多。

到了晚上，冷静地回想自己一天的心情时，我们会发现很多时候自己都处于焦躁不安的状态。那么，我们为什么总是感到焦躁不安呢？

焦躁不安，换言之，就是由轻度的“愤怒”支配着我们的状态。

平日里，我们都会预测即将出现的状况并据此采取行动。可是，当受到某种干扰，使事实与自己的预测不相符时，我们就会感到“不安”甚至“恐慌”。面对这种不安的状态，我们毫无办法。而且，当这种不安继续恶化时，就会引起内心自我防卫的反应，即感到轻度的“愤怒”。这便是所谓的焦躁不安的状态。

有时，我们的这种焦躁情绪会直接指向造成这种状况的人或事。

举例来说，在饭店吃饭时，点菜之后，我们估计会在 10~15 分钟内上菜。但 15 分钟后菜还没有端上桌的话，事情就超出了我们的预期。

于是，我们就陷入了焦躁不安的状态。也就是说，对于与自己预期不同的结果、比预测更差的事实、没有按预期发展的状况，我们会感到轻度的“愤怒”。而且，几乎在大部分时间，我们的这种预测行为都是在无意识中进行的。

焦躁不安的情绪会变成一种“欲求不满”积压在我们心里，当欲求不满堆积过多，一下子爆发出来时，便是我们常说的“抓狂”。

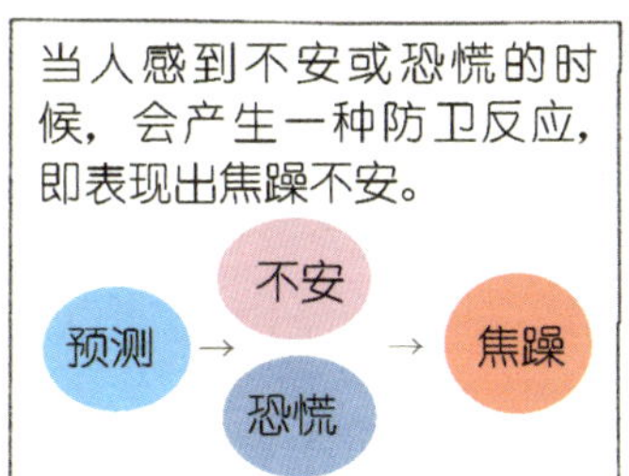

1

2

3

4

5

6

为什么塞车令人烦躁不安？

大多数人遇到塞车，都会感到焦躁不安。这是因为塞车会让我们无法预测前面的路，从而引起内心的“不安”和“恐慌”。当遇到塞车的状况时，如果得到指示说“再过 20 分钟就可以通过拥堵路段”，我们的焦躁情绪就会得到缓解，因为此时我们大体可以预测出未来的情况。也正因为如此，日本以前通常用距离来表示拥堵程度的做法，最近也改为用时间来表示拥堵程度，因为这种新的做法可以在一定程度上减轻驾驶员的精神负担。

消除焦躁情绪的心理技巧 —— 第 82 页和第 84 页

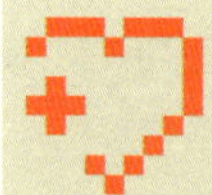

为什么我不知不觉就撒了谎？

~虚荣心、防卫机制的“合理化”~

人在很多场合都会不知不觉地撒谎。不过，虽说都是撒谎，却分很多种，而且性质不同。

最具代表性的撒谎，就是让自己看起来很了不起的谎话，即通常所说的吹牛、说大话。人都希望自己看起来很优秀、很了不起，于是有的人就会夸大其词，把自己描述得比现实中更优秀。这是虚荣心太强的一种表现。

借助夸张的表达方式，可以抬高自己，不能单纯地说这是绝对恶劣的行为。然而，如果虚荣心太强的话，人就会放弃努力，只靠撒谎和吹牛来抬高自己，从而引起别人的关注。慢慢地，撒谎就会变成一种习惯。

最坏的情况，就是人对自己撒谎已经变得迟钝，无意识地就会凭空捏造一些根本不存在的事情。发展到这个地步，恐怕就升级为一种心理疾病——“虚言症”。在此类患者的世界里，现实和幻想是混杂在一起的。

还有一种说谎行为，是为了保护自己才做出来的。比如，爽约时，当事人会编造一些貌似合理的借口让自己的过失“正当化”。也许，约会迟到的真实原因是自己睡过了头，但不少人在此情况下会很自然地说出“今天地铁晚点”或其他类似的借口。这种说谎行为是一种防卫机制,叫作“合理化”。

除此之外，在与自己存在利害关系的场合，有些人还会借助撒谎推进事物朝着有利于自己的方向发展，或者通过撒谎来防止事物朝着不利于自己的方向发展。

在大多数情况下，对于撒谎，我们自己是能意识到的，但对于已经形成习惯的、无意识的撒谎，人是不会产生罪恶感的。

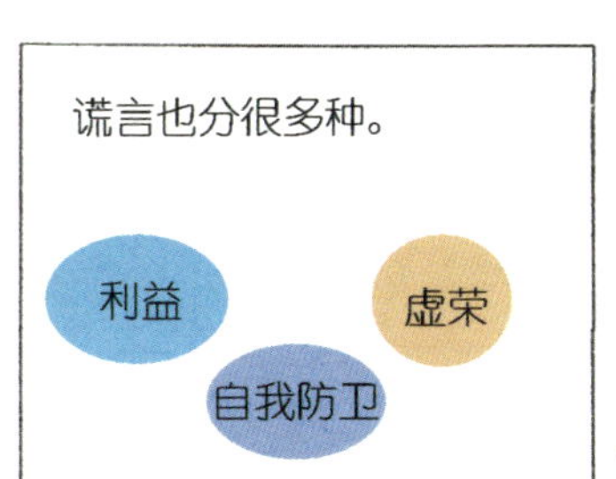

所谓防卫机制，就是保护自己免受外界威胁，无意识地保护自己的行为。

防卫机制也分很多种，“合理化”就是其中一种。“合理化”就是寻找最合适的理由，为自己的行为辩解，使之正当化、合理化。精英意识比较强的人常使用这种方式进行自我防卫。

不让自己说谎的心理技巧——第86页

为什么我看着菜单总是难以做出选择?

~人是一种不愿单独做决定的动物~

您是否有过类似的经历?去饭店吃饭时，把菜单翻了一遍又一遍，可就是不知道该点什么菜好。“感觉牛排不错，不过也很想吃比萨……”有些人为此烦恼不已。最后，在经过了一番“痛苦挣扎”之后，大多数人会另选一道完全不相干的菜。

这种行为背后，到底隐藏着怎样一种心理呢?

有这种行为的人，一般来说，其“不想失败”或者“想吃更好吃的食物”的心理比一般人要强很多倍。表面上看来，他们意志薄弱，甚至缺乏主见，遇事优柔寡断。实际上，这种行为是“绝对不想失败”的心理在作祟的表现。从某种意义上来说，这种人是不愿妥协的固执之人。

自己做选择，一旦失败的话，责任就必须由自己一个人来承担。然而，几乎所有人都不愿意承认自己犯了错，而人就是这种不愿认错的动物。因此，如果自己做的决定失败的话，会给自己带来很大的打击。于是，遇到自己不太确信的事物时，人就很难自己独自做决定。

也正因为如此，人才特别容易受到“口碑”“杂志介绍”等的影响。“大家都说好吃”就等于“一定好吃”，人都有这样的心理。但是与此同时，心里大概也会想：“这不是我做出的决定，即使它不好吃，也不是我的责任。”

此外，很多人在犹豫了半天之后，总会点几道与自己的喜好毫不相干的、甚至是从没吃过的菜。实际上，这是一种“逃避行为”。当人不知如何做选择的时候，内心会陷入一种“纠结”的状态。而为了尽快逃离这种痛苦的状态，人就会通过挑一个毫不相干的选项进行逃避。这种现象在心理学上称为“逃避机制”。

1 看着菜单不知道吃什么好的人，我们不能单纯地说他们“优柔寡断”，

A套餐 B套餐

2 他们也许是不愿妥协的固执之人。

3 他们非常害怕失败。

4 此外，人对“店主推荐”没什么抵抗力。

5 人基本上都不愿意承担起做决定的责任。

6 然而，店主推荐的，不一定就好吃……

失败！
店主推荐
烤西瓜

逃避机制

当内心陷入“纠结”的状态时，人都想赶快逃离，于是便会采取一种让内心暂时安定下来的行为，这便是“逃避机制”在发挥作用的结果。当考试临近时，有的人会突然开始打扫房间，有的人则会做出婴儿般的行为来逃避现实，这些行为都是“逃避机制”的表现。

提高决断力的心理技巧——第 88 页

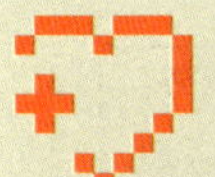

为什么我会对电视购物上瘾？

~无意识之中享受“购物”的乐趣~

最近，电视中的购物节目越来越多。有时我们无意中转到了电视购物频道，随便看了两眼，没想到突然之间就非常想拥有节目中介绍的商品，于是便打电话开始订货。然而，当商品送到家时，要么束之高阁根本不再看一眼，要么就后悔不已，不明白自己为什么要买这种东西。

您有过类似的经历吗？知道这是为什么吗？

其实，在上述情况下，购物是我们发泄精神压力的一种行为。订货之后的“期待感”和“充实感”可以让疲惫的心灵得到放松和休息。而且，电视购物不仅方便省事，还可以免去逛街的劳累与麻烦。

也就是说，“买什么”并不重要，重要的是“买东西”这个行为。很多人能从“买东西”这个过程中得到乐趣。

最近，稍有瑕疵但价格却相当有诱惑力的商品非常受顾客青睐。一般用原价的一半就可以买到这样的商品，因而这种形式的购物可以为顾客带来更大的充实感和满足感。

特别是女性，据说她们更容易从购物中得到快乐。与男性相比，女性的大脑对购物的刺激更加敏感。人的大脑中会分泌出一种叫作“多巴胺”的物质，而多巴胺可以使我们产生愉悦感。因为多巴胺也有“预测”功能，所以当我们感觉到“买了这个商品就占了大便宜”时，即使商品还没有送到，多巴胺就已经开始让我们兴奋了。而之所以女性会比男性更容易购物成瘾，就是因为女性更容易感受到购物带来的快乐。

此外，电视购物节目中推销的大多是具有有趣功能的新商品。感觉琐碎的日常生活无聊的人，通过购买这些新商品，可以暂时从疲惫的现实生活中逃离。所以，他们才容易对电视购物产生依赖性。

1

购物可以帮我们发泄精神压力。

购物 → → 发泄

2

此外，电视购物程序简单，可以轻松享受购物的乐趣。

商店 → 移动距离长、时间长

电视购物 → 移动距离短、时间短

3

4

5

以后可能会更流行……

我订一个！

这个价格，过了这个村可就没这店了。

啊！

6

电视购物成瘾的人们

当人怀有强烈的不安或不满时，就会寻求某种发泄的渠道，而电视购物就是一种发泄精神压力的方便手段。但常使用这种手段的话，人的头脑中慢慢就会建立起一种“电视购物可以治愈心理问题”的回路。这时，同等量的多巴胺已经不能让人获得和以前一样的快乐感了。于是，为了分泌更多的多巴胺，人就会不停地电视购物，从而产生依赖性，以致陷入一种恶性循环中。

不被电视购物束缚的心理技巧 —— 第 90 页

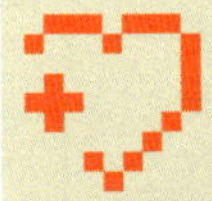

为什么名牌商品总能俘获我的心？

~ 优越欲求和光环效应 ~

西装、箱包、鞋子、配饰……有的人从头到脚一身名牌。

尤其是女性，对名牌商品的抵抗力相对较弱。有不少人如果不把自己看中的名牌商品买到手，就会终日寝食难安。可是，人什么非要挎着数倍于自己薪水的名牌包包呢？为什么会被名牌商品把心俘获呢？

“因为名牌商品的优越品质和精美设计非常有魅力。”

相信很多朋友都会这样回答，可是事实果真如此吗？

确实，很多名牌商品无论在品质上还是设计上，都非常优秀。但是，又有多少人是受到名牌商品“质”的魅力吸引而购买的呢？现状是，这样的人并不多。

昂贵的名牌商品，具有提高使用者社会评价的作用。通过穿着、佩戴、使用高级名牌商品，自然可以宣扬自己是个“高级的人”。周围也会不断投来羡慕的眼光，“真漂亮”“好羡慕”之类的赞叹声此起彼伏，而这样可以极大地满足人的“优越欲求”。特别是对自己的魅力缺乏自信或者自卑的人，会在不知不觉中对名牌商品产生依赖性。

此外，人与人初次相见时，会在瞬间根据对方的外表对其做出判断。我们常会认为外表好的人，其内涵也不错。如果对方使用高级名牌商品的话，我们也会一厢情愿地联想他的一切都是好的。这种现象在心理学上称为“光环效应”。这会让人误认为，即使不用努力，也可以用金钱买来一个“内涵高尚的自己”。

1

2

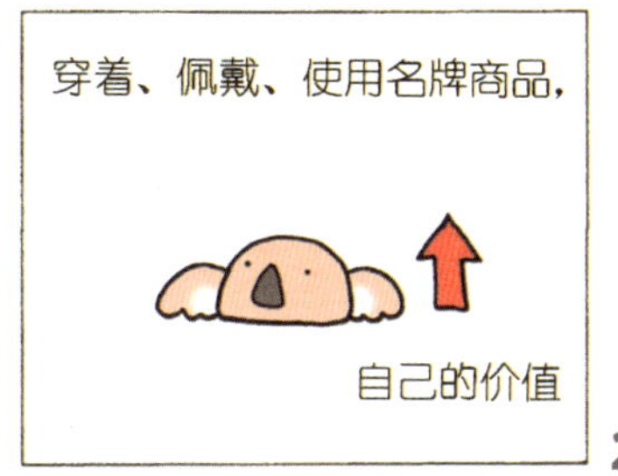

3

4

5

6

光环效应

人的外在因素好，我们就会联想他的内涵也很好。比如，有人写得一手漂亮的好字，我们就会认为他的性格也不错。有些企业在做广告的时候，喜欢找一些知名度高、形象好的艺人做代言人，这也是光环效应的一种应用。企业是想借助艺人的良好形象和知名度来提升自身的形象和知名度。

不依赖名牌商品的心理技巧 —— 第 92 页

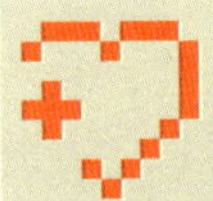

为什么我对娱乐八卦很着迷？

~幸福来自于相对的满足感与优越感~

有些朋友对娱乐圈的八卦非常感兴趣，什么艺人的私生活、新鲜事总能吸引他们的眼球。电视、网络上的八卦新闻他们每天必看，娱乐周刊也是每期必买，还期待着艺人多闹绯闻或丑闻。这到底出于一种什么样的心理呢？

从表面上看，这是单纯受好奇心的驱使，对艺人不为人知的一面感兴趣。但实际上，心底里还有其他心理效应在起作用。

娱乐圈的明星大多数是成功者，他们名利双收。对于这类人，我们内心深处会自然产生一种“羡慕嫉妒恨”的感情。当艺人爆出不幸的绯闻或丑闻时，我们的内心会多少产生一些平衡感，甚至会感到“暗爽”。

然而，我们又不能非常露骨地幸灾乐祸，因为那样会遭到别人的白眼，被认为是“没有同情心的过分之人”。所以，在他人面前，我们还是会装出一副同情他人的模样，说一句“好可怜啊”，但在心里却无意识中获得一种满足感。

人对于幸福的衡量，有时并不是根据幸福的绝对值，而是通过与他人做比较，相对地进行判断。当看到别人的不幸时，人会相对地感觉到自己的幸福。

此外，把自己掌握的最新八卦新闻讲给别人听，还能让我们获得一种优越感。因为讲一些别人不知道的小道消息，会被认为是“情报专家”，从而吸引大家的目光。所以，当人得到一些“独家新闻”时，很难把它埋在心里不告诉别人。这也正是有些人会对娱乐八卦着迷的原因所在。

1

有的人对电视里的娱乐八卦节目很着迷。

2

娱乐八卦节目中，有激发人好奇心的新闻，

寻求新刺激的心理

刺激性信息 →

3

比如，艺人的绯闻、丑闻，

寻求相对幸福感的心理

别人不幸的故事 →

4

还有演艺圈内的小道消息。

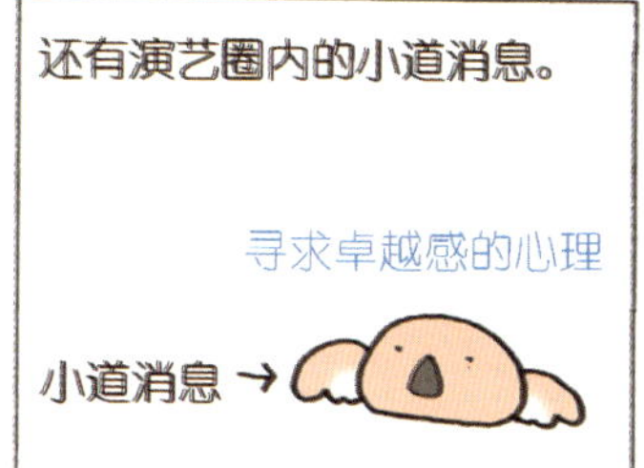

5

这些信息能够给一部分人带来无比的满足感。

真的吗？

不是你说的那样啦。

6

我没听说呢。

我看的是独家报道啦！

在演艺圈，很多谣言可以传播很广。也许，最初的消息并不是假的，但经过不断传播就会变得越来越离谱，最后竟成了谣言。这是因为听消息的一方会根据自己关心的部分把消息的某一方面突出出来，或者受到自己固有观念的影响把消息进行曲解。之后，当他们向别人传播时，最初的消息就已经变味了。

对娱乐八卦新闻着迷的人——第 94 页

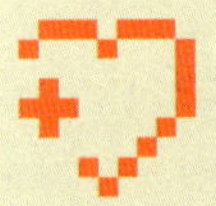

为什么我总是难以拒绝别人？

~ 不想得罪任何人的心理 ~

“晚上有个约会，本想下班后就去赴约，但上司给我指派了一项新工作，让我加班完成。本来这个工作让别人做也可以，但我就是没有办法拒绝。不仅仅是工作，有时对于朋友的请求，我也难以说出拒绝的话。甚至对上门订报纸的业务员，我也不会拒绝，结果订了一堆自己不会看的报纸。我该怎么办呢？”

有过类似苦恼的朋友应该不在少数，那么，为什么他们不懂得如何拒绝别人呢？

对各种各样的请求都难以拒绝的人，一般都非常重视人际关系，会担心自己的人际关系出现问题。不仅如此，他们还非常害怕别人讨厌自己，也不希望被别人看成是冷漠的人。所以，对于别人的请求，他们都会答应。一旦这种感情在头脑中形成固定“回路”，当事人就对任何人的请求都不会拒绝，也不敢拒绝。

举例来说，在职场中，如果上司讨厌我们的话，就会影响我们在公司中的发展前途。所以，我们都会担心自己与上司之间的关系出问题，这是很正常的。但是，对于推销报纸的业务员，因为不想让他讨厌自己，我们就难以拒绝他的请求，那就不太正常了。这只能说明我们不想得罪别人的心理有点儿过度强烈了。

具有这种倾向的人，如果不能很好地把握自己的心理状态的话，很可能会受到较大的损失。推销假冒、伪劣商品的那些人，就很了解人们不容易拒绝别人的心理，他们会利用这种心理害人上当。

比如，上门推销的人经常会说：“您不买也没关系，先听我介绍一下。”如果您答应了这个请求，他们接下来就会巧舌如簧地引诱您购买。这种推销方法叫作“Foot in the door”，也叫“登门槛请求法”或“阶段性请求法”。不善于拒绝别人请求的人，很容易被这种推销方法攻破心理防线。

"Foot in the door"技巧

所谓"Foot in the door"技巧，即首先提出一个简单的请求，一般人都会接受，然后再逐步提出更难的请求，也叫作"阶段性请求法"。如果连很小的请求都拒绝的话，会被别人认为"很小气"，所以一般人都不会拒绝这样的请求。推销员非常了解人的这种心理，因此也经常利用这种心理推销商品。

不善于拒绝的人 ——第 96 页

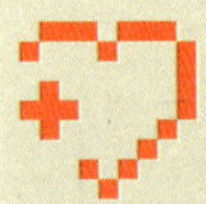

为什么我在关键时刻总是紧张？

~ 这是一种“对人恐惧症”，因为害怕失败 ~

当在众人面前讲话时，或者公司会议中轮到自己发言时，有的人就会大汗淋漓、面红耳赤，甚至心跳不已，结结巴巴地连话都说不出来。

在重大场合或关键时刻，面对众人，我们都会感到紧张和怯场，这是为什么呢？

眼前的人越多，或者对方的地位越高，我们就越想表现好。于是，心里会暗暗下决心：“一定要讲好！一定不能出错！”结果，这种心理就把自己压迫得喘不上气来。

在众人面前紧张，是“对人恐惧症”的一种。害怕与人交流失败，则是造成这种心理问题最主要的原因。有的朋友以前有在众人面前出糗的经历，而那段记忆会一直纠缠着他们，影响他们以后的思想和行为。

所谓“对人恐惧症”，并非害怕人，也不是害怕别人会加害自己。可以说，“对人恐惧症”是对别人如何看待自己过度敏感，担心自己会给别人留下不好的印象。

比如，有的人在演讲之前，会先想象自己在演讲过程中出现忘词、说错话等失败的状况，又会想象台下的听众会为此嘲笑自己，甚至看不起自己。这样去想，只能越想越害怕，越想越紧张。

一般来说，容易紧张的人，多是严谨认真且具有完美主义倾向的人。受别人的评价影响比较大的人，也容易出现这种心理状况。举例来说，当不得不在众人面前发言时，他们就会想：“如果说不好该怎么办？那多没面子啊！”这种想象中的失败就足以令他们感到异常不安。

1

2

3

4

5

6

对人恐惧症

“对人恐惧症”除了表现为紧张之外，还有面红耳赤、大汗淋漓等特征，还有的人害怕别人看自己的视线。男女出现的特征有所不同。女性害怕别人视线的倾向更强一些，担心别人在偷窥自己，或说自己的坏话。此外，在公司中听到电话铃声就害怕，不敢接电话，也是一种轻度的对人恐惧症。

关键时刻不紧张的心理技巧 —— 第 98 页和第 100 页

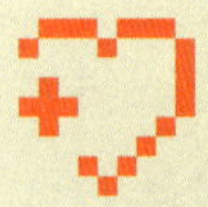

利用色彩心理学，有益修身养性 2

“为自己的行动找一个后援”

要想改变自己，单单想是不行的，必须付诸行动。然而，有时虽然明白这个道理，却很难迈出关键的第一步。这个时候，我们需要给自己的行动找一个强有力的“后盾”，让它激发我们的动力。在这种情况下，我推荐您穿红色、橙色或黄色的衣服。

1. 红色服装

红色的服装可以给人一种向前的推动力。没有活力的时候，穿上红色的服装能让人精神一振。不过，有慢性疲劳感的人不宜穿红色服装，那样会让人感到更加疲惫。

2. 橙色服装

橙色的服装能让我们的思维和行动都变得敏捷，刺激我们积极地行动起来。当您想做一件事却迟迟不愿行动时，建议您穿上橙色的服装。橙色能让您充满挑战精神。

3. 黄色服装

黄色服装能帮我们消除不安，提升自信。此外，当有问题需要解决时，黄色还能让我们保持积极的心态。所以，当我们缺乏自信或遇到障碍时，适合穿黄色服装。

第二章

通过深层心理学和性格心理学了解自己真实的内心

对梦进行分析可以让我们更加了解自己吗？通过心理测试，能发现内心深处真实的自己吗？在本章中，我将为大家介绍人的性格是如何形成的，以及梦与深层心理的关系。

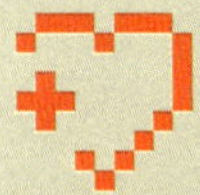

了解自己的测试 / “Who am I？测试”

~ 简单的心理测试，打开了解自己的大门 ~

如果您想更加深入地了解自己，我给您推荐一个很简单的测试。下面是以“我”开头的完形填空，请在横线上写出您所知道的自己。不用深入思考，想到什么就写什么。整个测试限时 5 分钟。

这种测试叫作“Who am I？测试”“WAI 技法”或者“20 问答法”，是心理学上“投影法”的一种。想必大家以前对此多少有些了解，没有做过这个测试的朋友赶快来挑战一下吧！至于测试的结果，我将在本书第 34 页为您详细分析。

(1) 我 ________

(2) 我 ________

(3) 我 ________

(4) 我 ________

(5) 我 ________

(6) 我 ________

(7) 我 ________

(8) 我 ________

(9) 我 ________

(10) 我 ________

(11) 我 ________

(12) 我 ________

(13) 我 ________

(14) 我 ________

(15) 我 ________

(16) 我 ________

(17) 我 ________

(18) 我 ________

(19) 我 ________

(20) 我 ________

投影法

投影法是心理检查法的一种，是通过诱发个人的特性反应，而导出其性格特性的方法，同时还是一种捕捉性格中无意识部分的方法。在投影法的检查中，不存在正确答案与错误答案之分。

其他的投影法测试还有通过测试者对墨水痕迹的反应分析其性格的“罗夏墨渍测验”，以及通过树木画来分析性格的“鲍姆测验”。

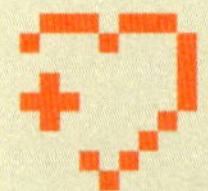

“Who am I？测试”答案分析

~ 发现无意识的欲求和愿望等 ~

那么，在规定的时间内，您写出了多少条呢？

最初的几条可能比较轻松，任何人随便想想都能写出几条自己所了解的自己。但是慢慢地，就会发现越来越难写，越来越想不出自己是个什么样的人。一般来说，最初的几条大多是“我是公司职员”“我家住在某某处”“我喜欢打扫卫生”等，都是有关自己的职业、性别、年龄以及兴趣爱好、表层性格等条目。

接下来，就会出现诸如“我想去国外旅行”“我想买一套房子”等有意识的欲求和愿望。

再进一步思考的话，那些无意识的欲求和压抑在心中的烦恼等就该登场了。但是，这些内容即使能想得到，也很难写到纸上。

也就是说，最开始写出来的是“大家都了解的自己”，然后是“比较浅层的意识下的欲求和愿望”，接下来是“意识不到的欲求和烦恼等”。最后写出来的，一般都是平时自己没有意识到的、沉睡在内心深处的东西。

一口气能写出 20 条的人，可以说是比较了解自己的人（即可以自己确认并认可自己的人）。而只能写出一些“年龄”“性别”“发型”等大家都了解的内容的人，说明他们平时很少和自己的内心对话。

反过来，能够写出一些自己平时不为人知的性格、愿望等的人，具有认真审视自己的倾向。那些越早写出来的愿望和欲求，我们平时对它们的意识越强烈。通过反复审视自己写出来的内容，可以找出“自己真正想做的事情”。因此，也可以说这是一项自我反省、自我修正的测试。

1

2

3

4

5

6

这种测试方法诞生于20世纪50年代的美国，现在这种测试作为一种自我启发、自我理解的手段，在日本非常流行。虽然这是一个著名的测试，但在心理学上并没有将其标准化，不同的研究者根据不同的使用方法，会有多种版本存在。

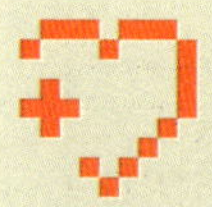

了解性格倾向的测试

~了解自己内心特征、平衡的测试~

“Who am I？测试”并没有规定标准答案，所以会在不知不觉中把意想不到的自己的内心投影出来。这次，我们从其他的角度来做测试，再次审视一下自己。请在下面各个问题所列出的选项中，选出与自己相符的。

【问题 A】

□ 遵守社会规则

□ 不以恶小而为之

□ 有礼貌，守礼节

□ 自己有明确的意见和想法

□ 当下属、新员工或自己的孩子做错事时，会明确指出来

□ 认为自己责任感比较强

□ 对时间和金钱的管理都比较严格，对金钱的概念也比较清晰

□ 爱憎分明

【问题 B】

□ 受到别人的请求时，不好意思拒绝

□ 经常赞扬新员工或自己的孩子

□ 认为情义和人情比较重要

□ 对于身处困境的人，不会置之不理

□ 对于别人的意见，经常会认可

□ 与缺点相比，更容易看到别人的优点

□ 想参加志愿活动

□ 当朋友、家人失败时，能采取宽容的态度

【问题 C】

□ 对于工作和学习，大多能按照计划执行

□ 在做某个决定时，想尽量多听取别人的意见

□ 不常感情用事，不容易冲动、发怒

□ 善于进行分析和思考，并找出原因

□ 当身体不舒服时，不会勉强自己

□ 权衡得失后，再采取行动

□ 能够有效率地推进工作的进行

□ 善于使用理论进行说明

【问题 D】

□ 喜欢逗别人开心

□ 说话比较直接，不会有太多顾虑

□ 喜怒形于色

□ 想要的东西，一定会想办法得到

□ 基本不怎么认生

□ “真了不起” “啊？！” 经常使用这类感叹语

□ 喜欢和小孩子一起玩

□ 有时会随着气氛不安或紧张起来

【问题 E】

□ 经常因为无法做决定而陷入困境

□ 无法很好地表达自己的心情

□ 容易产生顾虑，比较消极

□ 经常后悔

□ 别人对自己有所期待时，会勉强自己去做

□ 认为自己经常在忍耐一些事情

□ 想了解别人心里在想些什么，于是便会下意识地偷看别人的表情

□ 在谈话中，不能提出自己的意见、主张

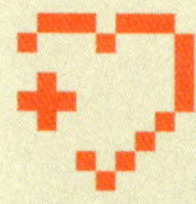

“了解性格倾向的测试”答案分析

~从回答的倾向可以看出“五种心”~

“交流分析”是精神疗法的一种，通过这种方法可以把人的自我按照五个机能分成五类，暂且称之为“五种心”。这“五种心”是任何人都有的，只是不同的人有不同的侧面。前一小节的问题，就是为了帮助您了解“五种心”而设计出的一个简单测试。问题 A—E 是五种类型的问题，看看您哪个问题选中的选项多，由此就可以大体了解您的性格倾向了。但是，也不要只看选项最多的那个类型，第二、第三多的类型也要关注，这对了解自己的性格倾向也有帮助。换一个角度看，选中最少选项的那个类型，正是自己性格中最欠缺的部分。

1. 批判型的父亲（CP/Critical Parent）

选【问题 A】的选项最多的人，简单地说他们的性格比较像严格教育孩子的父亲。不管对自己还是对别人，他们都很严格，就像父母对待孩子一样，会积极地干涉别人。他们讨厌不正常、歪曲、有瑕疵，怀有高远的理想，容易轻视别人，态度还比较傲慢，会把自己的意见、观点强加于人。

2. 有教养的母亲（NP/Nurtural Parent）

选【问题 B】的选项最多的人，性格比较像充满爱心、性格温柔的母亲。他们看到身处困境的人，绝不会袖手旁观，是会照顾别人的好心人。由于善于关心别人而且特别温柔，对于别人的错误能够表现出相当大的宽容。但与此同时，也有纵容自己、纵容他人的一面。

3. 大人（A/Adult）

选【问题C】的选项最多的人，善于算计，能够冷静地判断事物，具有大人一般的成熟性格。他们思考问题时，有计划，并且重视效率。即使出现问题，也能沉着应对。他们还善于分析客观数据以做出判断。不过，由于他们过于在意得失，容易遭到周围人的冷眼。

4. 自由的孩子（FC/Free Child）

选【问题D】的选项最多的人，具有孩子一般的性格，他们可以直接地、自由地表达自己的思想。他们好奇心旺盛，愿意挑战各种事情。因为性格开朗，大家都喜欢他们。不过，由于心直口快，有时欠缺对别人的考虑，容易无心地伤害别人。

5. 顺从的孩子（AC/Adapted Child）

选【问题E】的选项最多的人，一般性格都比较顺从，对于上司或老员工交待的事情，会严格照办。即使压抑自己的感情，也要不懈努力，从而不辜负别人对自己的期望。他们害怕被别人讨厌，所以会非常在意别人的感受，为了迎合别人，有时甚至会丧失主我，显得卑躬屈膝。很多日本人就具有这样的性格。

对于这个性格测试，大家不要只把目光放在自己选择最多的那个类型上，而是要通过选得多的类型和选得少的类型进行比较，再加上组合，从而分析自己的性格倾向。比如，有的人选的最多的是“有教养的母亲”类型，第二多的是“顺从的孩子”类型，那就说明他这两方面的性格比较突出，而不是单一的某种类型。

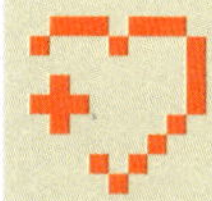

了解未知的自己 / 约哈里之窗

~ 了解未知的自己的方法 ~

实际上，从自己的整体性格来看，我们所了解的自己的性格只不过是其中非常小的一部分。经常会出现下面的情况，“你的竞争意识太强”，当朋友如此告诫我们时，我们才第一次发觉原来自己有如此强烈的竞争欲望，而在此之前，从未这样觉得。

大部分性格都沉睡在我们的潜意识中，想要了解它们并不是一件容易的事。

为了能和别人畅快沟通、和谐相处，有时我们会考虑如何展现自己最好。这个时候，有一个模型可以为您提供帮助，那便是“约哈里之窗”。这个模型是由美国心理学家约瑟夫和哈里提出的，所以用他们两人的名字进行命名。

这个模型将人的信息分成四个部分进行考虑。自己看自己的话，可以分为自己了解的部分和自己不了解的部分。而别人看我们的时候，也可以分为他们了解我们的部分和他们不了解我们的部分（请参考下一页下方的图）。将它们组合起来的话，就有了四个部分。

- **自己了解，别人也了解的部分（开放的部分）**
- **自己不了解，但别人了解的部分（自己的盲点部分）**
- **自己了解，但别人不了解的部分（假装不了解，隐藏起来的部分）**
- **自己不了解，别人也不了解的部分（谁都不了解的未知部分）**

别人向我们指出我们所不了解的自己，或者把自己了解的但有意隐藏起来的部分向大家公开，结果就会使开放的部分增加，未知的部分缩小。

1
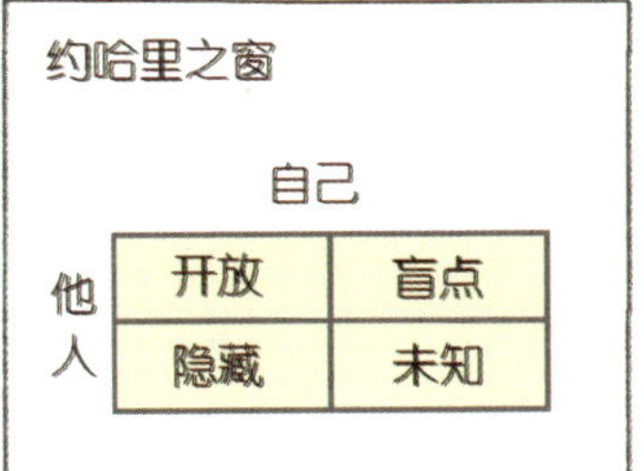

2
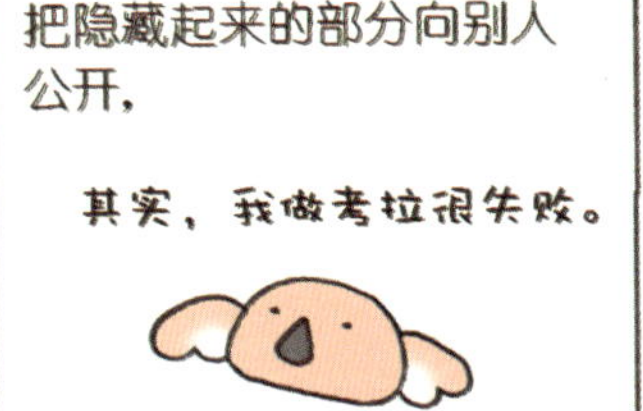

3
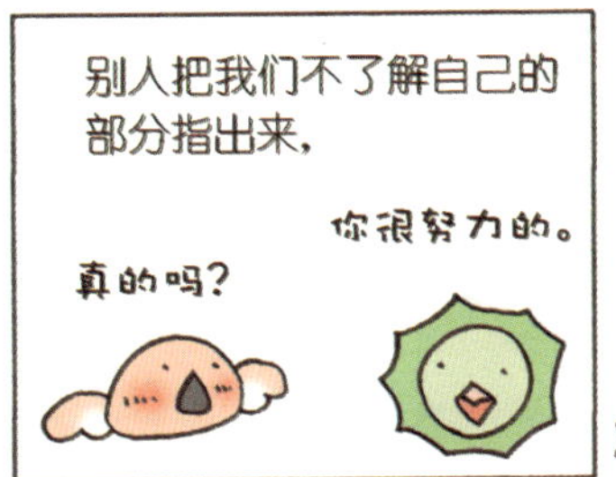

4
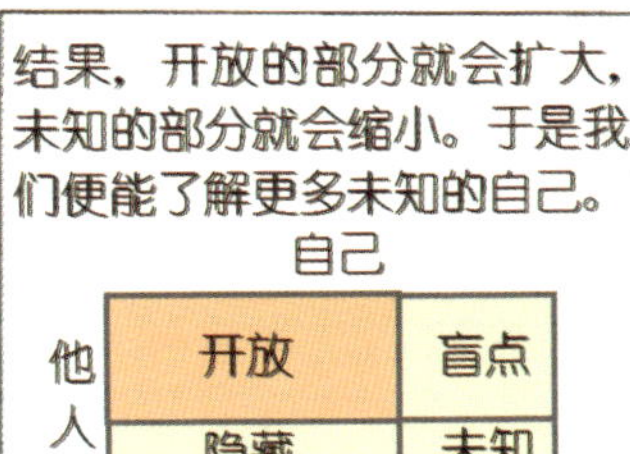

5

6

约哈里之窗

		自己	
		了解的	不了解的
他人	了解的	开放的部分	盲点的部分
	不了解的	隐藏的部分	未知的部分

笔迹与性格倾向

～从笔迹看一个人的性格倾向～

写字和说话一样，都是人的日常行为。根据性格和心理状态的不同，人的字迹也有微妙的差异。所以，通过分析自己的字迹，可以了解自己性格中隐藏的部分；通过分析别人的字迹，也可以大体了解对方的性格倾向。下面就以一些文字为例，为您讲解字迹与性格倾向之间的关系。

看字识性格

様[①]

这个人将撇和捺向左右都伸出很多。如此书写的人希望引起别人的注意，特别善于进行自我宣传。特别是捺向右伸出很长的人，他们喜欢新鲜事物，容易对新事物着迷。

书写时，字的左右两边距离比较远的人，包容力强，多是胸襟开阔的领导型人才。

书写时，“木”字旁的上部比较突出的人，一般意志力比较强，但有不愿意听命于人的倾向。

书写时，字的左右两边距离比较近的人，一般性格封闭，不好通融。手艺人多具有这样的性格。

书写时，“木”字旁的下部比较突出的人，协调性比较高，一般具有严谨、保守的性格。

①例字“様”为日文。

右上角很圆润，这样的人想象力丰富，创意不断。他们不喜欢简单地重复作业，很容易厌倦。

横和竖连接处有开口，这样的人一般具有很好的协调性，能够建立良好的人际关系。很好通融，并具有灵活的思维方式。

上宽下窄，这样的人一般很爱操心。他们大多具有艺术才能，但也有不好伺候的一面。

下宽上窄，这样的人一般性格积极向上，对于细枝末节不怎么在意，而且心胸宽广，落落大方。

“口”的部分写得很小，越是上了年纪的人，越容易把“口”写得很小。这样的人大多欠缺行动能力，但是有品位、比较干练。

“口”的部分写得比较大，年轻人容易把“口”写得比较大。这样的人热情开朗，充满活力，但是欠缺一点细致的精神。

下面的四点很分散，这样的人一般性格外向，喜欢华丽的东西。他们对流行趋势比较敏感，感情的起伏比较剧烈。

下面的四点比较密集，这样的人性格内向，与外出活动相比，他们更愿意待在家里。他们不想太招摇、太显眼。

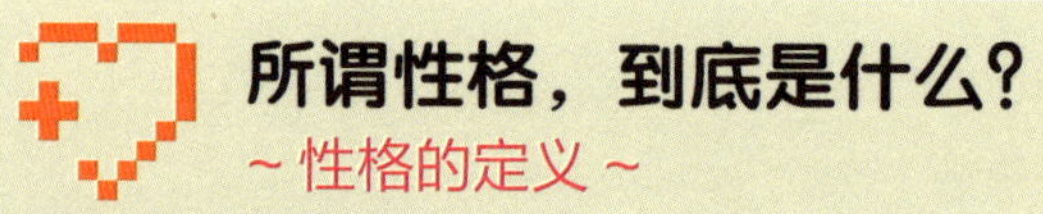

所谓性格，到底是什么？
~ 性格的定义 ~

我们一直在讲有关性格的话题。那么，性格到底是什么呢？您仔细思考过这个问题吗？

我们会在各种场合、情况下说到“性格”这个词，但是，要让我们非常准确地描述一下性格的定义，恐怕会把大多数人难倒。在心理学中，“性格”是一个很大的范畴,甚至有专门研究性格的领域,叫作“性格心理学”。不过，不同的研究者对“性格”有不同的定义。据说，有多少个研究者，就有多少种定义。所以，在心理学上，也无法给“性格”下一个明确的定义。

在本书中,我将尝试着尽量简单地给性格下一个定义。所谓性格,是“表现一个人特征的独特的思维倾向和行为倾向，并具有一贯性的特征”。

也就是说，像个子高这种身体上的特征并不能叫做“性格”。说到底，性格描述的是一个人具有“怎样的思维方式”以及“会采取什么样的行动”。

举例来说，上班途中乘坐的电车出了故障，致使所有乘客都将迟到。但是，每个乘客对此的反应是不一样的。有的人会感到烦躁不安，有的人则会耐心、冷静地等待。造成每个人的反应都不同的原因，不仅与人的背景和情况不同有关，与人的性格差异也有密切关系，因为每个人的思维方式和行为模式都不尽相同。

此外，所谓“一贯性”是指即使面对的状况发生改变，思维方式和行为模式的倾向也不会改变。比如，不善于整理收纳的人，不仅自己的房间乱糟糟，就连公司的办公桌也同样杂乱无序。这种情况并不是由于一时的心情所致，而是长年累月培养起来的一种“行为模式”。

性格具有“独特性”和“一贯性”。

一贯性　独特性

1

所谓独特性，就是即使看到同一个事物，不同的人也会采取不同的思维或行动。

2

看到杯子里的半杯果汁，

3

不同的人也有不同的反应……

4

5

6

性格心理学

性格心理学是科学地研究人类性格的一门学问，是分析人的性格与其他心理因素之间关系的所有学问的总称。从古至今，世界各地的研究者都对人的性格开展过研究。在日本的战国时代，供职于武田家的小幡勘兵卫在其所著《甲阳军鉴末书结要本》一书中，就将武士的性格分成了六个类型。

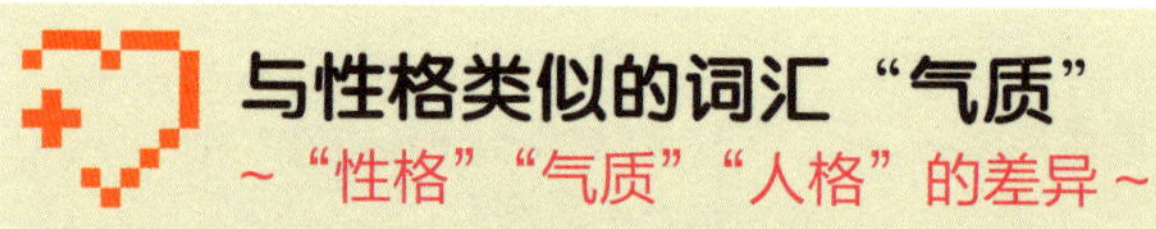

与性格类似的词汇“气质”

~“性格”“气质”“人格”的差异~

与性格类似的词汇，有一个“气质”。气质，多指人生经验比较少的时期表现出来的性格特征，是形成性格基础的人的基本特质。

最近的研究发现，人在婴儿时期，就表现出不同的行为模式。

2004年，美国出版了一本名为《气质那长长的影子》的书。书中说，人的气质倾向在出生后16周左右就可以表现出来。作者还对婴儿的成长进行了跟踪调查，结果发现，婴儿时期的气质直到高中时期还会继续表现出来。

其他研究人员的调查也显示，出生后两到三个月的婴儿所表现出来的气质会对长大后的性格造成很大的影响。

可以说，人的“气质”是先天“性格”的基础。

还有一个与性格类似的词汇，叫作“人格”。有的人把“人格”和“性格”理解为同一个含义，也有人把它们区别开来看待。

在日本，与“性格”相比，“人格”更多地用在评价人的时候，具有说明这个人“道德性”的倾向。所以，在日语中，“人格”和“性格”是有区别的。例如，说一个人“人格高尚”，是对一个人很高的评价，说明这个人“道德情操很高尚”“人品很好”。

“人格”在英语中叫作“personality”。在心理学上，“personality”这个词一般等同于“性格”使用。在本书中，不对“人格”和“性格”两个词加以严格的区别。在使用“性格”时，也包含了“人格”的含义。

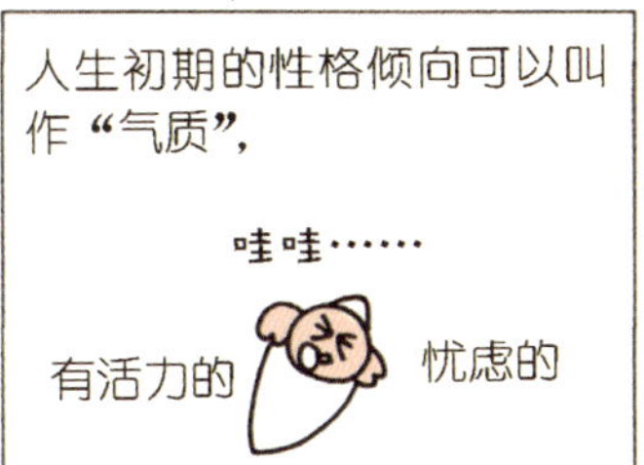

1

2

3

4

5

6

Personality

“Personality”一词源于拉丁语中的“persona”。“persona”是指演员在舞台上戴的假面具。也就是说，“personality”一词中，既包含了人本来的性格，也包含了人在社会中所扮演的（像假面具一样）性格。

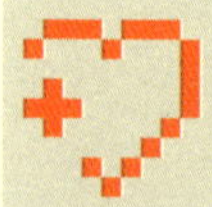

性格是如何形成的

~ 性格的形成 ~

那么，人的性格是怎样形成的呢？

我们与生俱来的“气质”能够完全决定我们的性格吗？

一直以来就有两种截然不同的观点，第一种观点认为，“人刚生下来就像一张白纸，有了生活经验的积累才会形成性格”；第二种观点则认为，“人一生下来就有自己的性格”。对于性格的形成，应该把这两种观点结合起来。

性格受遗传因素的影响比较大，早期的“气质”就是与生俱来的。然而，随着人的成长，生活经历的不断丰富，性格是可以在后天发生改变的。

后天促成性格变化的原因，主要来自于父母的教养和环境的影响。日本性格心理学会（现在的日本 Personality 心理学会）第一代理事长诧摩武俊认为，父母（尤指母亲）的养育态度和孩子之后的性格存在因果关系。他通过整理众多研究者的调查结果发现，支配性的父母养育出来的孩子，比较顺从、依赖性强；过度干预孩子的父母，养育出的孩子幼稚而且神经质；溺爱孩子的父母，养育出的孩子任性、幼稚；喜欢否定、批判的父母，养育出的孩子冷淡，喜好展示自己；对孩子的成长毫不关心的父母，养育出的孩子具有攻击性，而且情绪很不稳定。

对于性格的形成，到底是天生的“气质”影响大，还是“父母、环境”后天因素的影响大呢？至今专家们也没有达成一个统一的意见。

不过，在神经科学者和发展心理学学者中，倒是存在一个普遍的共识，即认为“遗传因素对孩子性格的影响，和父母、环境等具有同等程度的影响力”。也就是说，人的性格在形成过程中，先天因素和后天因素各占一半。

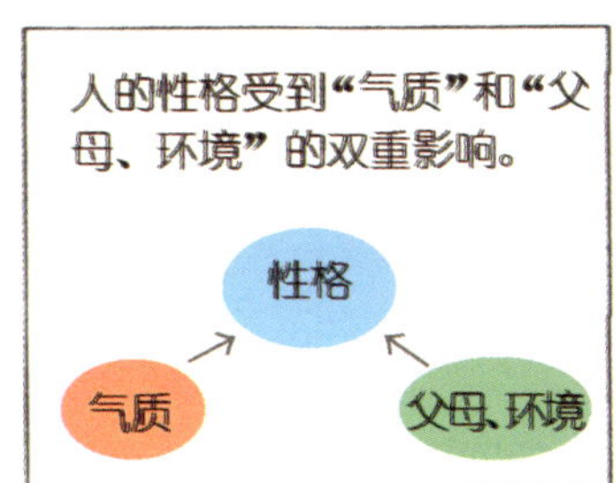

场的理论

心理学家K. 列宾提出一种“场的理论”，他认为“人的性格脱离了环境就不复存在，性格是由人与环境的关系决定的”。居住的场所相同，也容易表现出相似的性格。比如，各个地区的人都会表现出一些共有的性格特征，这就是由当地的历史、风俗、文化等特殊的环境因素造成的。

为什么家里最小的孩子爱撒娇？

~ 出生顺序与性格的关系 ~

虽然是同一父母所生，但兄弟姐妹的性格却往往各不相同。一般长子、长女都比较成熟稳重、吃苦耐劳，而最小的孩子相对来说娇气一些，也更爱撒娇。这是为什么呢？

这也许是由出生顺序不同造成的结果。出生的先后不同，使人的成长环境也不太一样。所以，兄弟姐妹的性格在后天受到的影响也不相同。

日本的心理学家依田明对出生顺序与性格的关系进行了一番调查研究。结果发现，家里的老大（长子、长女）一般具有自制性的性格倾向。比如，“自己心里想要某个东西，但不好意思开口”“担心自己的行为会给别人带来麻烦，所以迟迟不敢采取行动”等。

家里的老二（次子、次女）一般“受到父母的宠爱较多”，因此具有依赖性较强的性格倾向。与此同时，他们还“喜欢说话”，所以也具有社交性的性格特征。

这种与出生顺序有关的性格倾向，在海外也有类似的研究结果。美国伊利诺伊大学有一位教授说：“家里比较大的孩子习惯了按照大人的期望采取行动，而比较小的孩子在成长过程中和其他兄弟姐妹交流的机会比较多，所以他们的社交能力更强一些。”

父母对于自己养育的第一个孩子（长子或长女），一般都会抱有比较高的期望，甚至是过高的期望。结果，长子或长女为了不辜负父母的期望，大多比较努力，上进心强，而且做事情认真负责。不仅如此，有了弟弟妹妹之后，长子或长女还会照顾他们，所以也容易培养出温柔、耐心的性格。

另一方面，次子、次女多会被家长和长子、长女进行比较，所以容易形成争强好胜的性格。因此，次子、次女长大后有不少会成为非常自信而且富有野心的人。而且，随着父母养育孩子数量的增多，养育经验也越来越丰富，教养子女就会变得游刃有余，容易出现溺爱孩子的倾向。所以，最小的孩子一般都比较任性，而且善于撒娇。

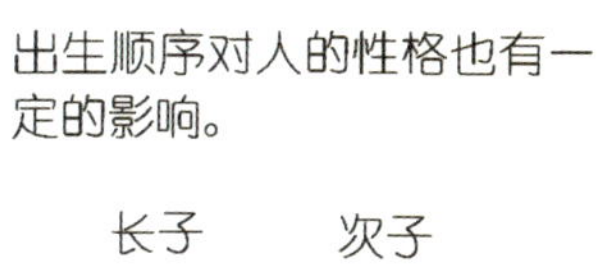

1

长子一般自制性强，而且比较保守，而次子的社交能力比较强。

长子　　次子

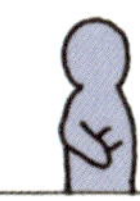

2

长子一般会受到父母过高的期望，而且父母对他们的教养大多比较严格。

父母　　长子

3

4

自己的个性总也体现不出来。

是的。

5

6

独生子女的性格

独生子女大多具有长子和老幺的双重性格。独生子女常给人一种“任性”“娇气”的印象，但实际上并不可一概而论。与冲动地采取行动相比，独生子女更容易形成按计划采取行动的性格。这可能和他们从小总是处于父母的高度关注中成长起来有关。

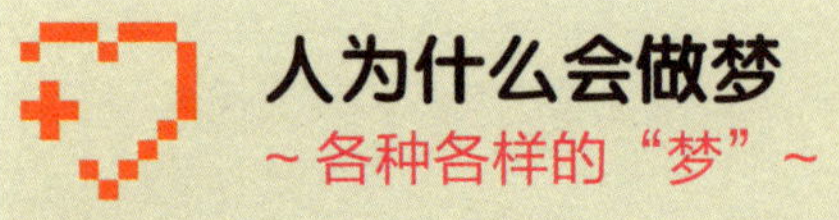

人为什么会做梦

~各种各样的“梦”~

每个人晚上都会做梦，有时一晚上要做好几个梦。人平均每个晚上要做四五个梦。有时，也许您觉得昨天晚上没做梦。其实不然，您肯定做梦了，只是回想不起来了而已。

做梦,都发生在身体处于休息状态而大脑处于清醒状态时的“REM 睡眠”（快速眼球运动睡眠，又称异相睡眠）阶段。当人处于 REM 睡眠阶段被唤醒时，他肯定会说自己正在做视觉性的梦。

那么，人为什么会做梦呢?

实际上，关于人为什么会做梦，到目前为止科学家都没有完全解开这个谜题。

有一种说法是，梦是对于清醒时所收集到的记忆进行分类的系统，会辨别出“哪些是必要的”，而“哪些是不必要的”。这种说法认为做梦是整理记忆的一个过程，而整理记忆这项工作就是以梦的形式进行的。

精神分析学家弗洛伊德认为，人的潜意识中沉睡的“愿望”会通过梦的形式表现出来。他还说，人平时不可能体验到的经历，如果能在梦中得以实现的话，会让人产生一种满足感，从而消除欲求不满造成的负面情绪。在现实生活中，当我们做梦的时候被唤醒的话，人的情绪就会出现不稳定，甚至产生攻击性。这大概就是因为我们原本在梦中会得到的满足感突然间中断的缘故吧。

还有一些研究梦的心理学家认为，梦具有将愿望视觉化的功能，梦也是人们的潜意识发送给显意识的一种信息。我们无法听到自己潜意识的声音，但是在我们整体意识中占大多数的潜意识，会以梦的形式向显意识发出有益的信号。很多学者持有这样的观点。

1

2

3

4

5

6

REM 睡眠

REM 睡眠是指身体在休息，而头脑还处于活跃状态的睡眠阶段。人的睡眠分为两种阶段，一种是脑和身体都在睡觉的“NON-REM 睡眠”，另一种是身体在睡觉但大脑还在活动的“REM 睡眠”。两种睡眠阶段以 90 分钟为一个周期进行交替。睡眠和记忆有很重要的联系，无法进入 REM 睡眠状态的话，人的记忆功能（长期记忆）就无法良好地运行。

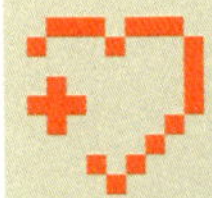

梦的含义
~深层自我发出来的信息~

曾经有专门研究梦的学者对数百个梦以及做梦人身处的状况进行了分析。结果发现，梦不单单包含自己的愿望，还有很多是当事人心理状况的投影。

理性地分析一下，我们就会发现，梦其实有很多种功能。

梦的研究者罗萨林德·卡特赖特（Rosalind Cartwright）和林·拉姆巴格（Lynne Lamberg）在他们合著的书《梦的心理学》中，为我们介绍了梦会以怎样的形式对做梦人产生影响。

有一位男性铁路技师，由于患有腿部静脉血栓，需要很快进行手术治疗。结果，在手术前的几天里，他曾梦见很多人在维修一段完全锈蚀的铁道。

那段时间里，他还做过修理炉子、汽车之类的梦，甚至梦见过切大肉片。这些梦看起来似乎都和手术存在某种联系。但是，当手术成功之后，他就再也没有做过类似的梦了。由此看来，手术前他所做的那些与手术相关的梦，都表现出他对手术的恐惧感和不安感。

此外，有调查显示，梦还可以通过潜意识向我们报告自己的身体可能存在的或潜在的危险。

有位男性曾经梦到自己的喉咙部位热得不得了。感觉到危险的他赶快去医院做了检查，结果并没有检查出任何异常。可是，数周之后，他又做了一个喉咙附近被针刺伤的梦。再次去医院检查后，他被确诊为甲状腺癌。由此可见，在医院检查出疾病之前，人的潜意识已经察觉到身体的异常，并通过梦的形式向显意识发出了报警信号。

综上分析，通过对梦的分析，我们没准儿能发现自己平时没有注意到的内心纠葛、愿望、身体潜在的危险等。所以说，梦的作用还是相当强大的。

1

2

3

4

5

6

梦的力量

有很多例子证明，梦和许多重大发现存在密不可分的联系。发现苯分子环状结构的德国有机化学家弗雷德里希·凯库勒说，他是因为梦见了蛇吃自己的尾巴，才构想出苯分子的环状结构。此外，日本的汤川秀树博士提出了关于核子力的“介子理论”，他也说是梦给了他灵感。

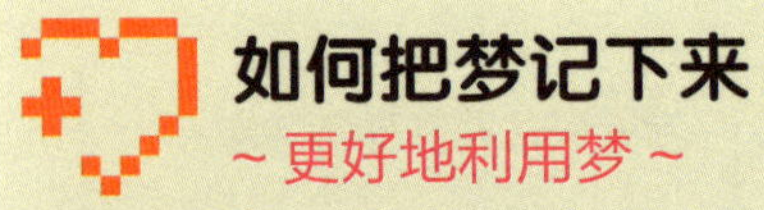

如何把梦记下来

~ 更好地利用梦 ~

我们的显意识无法意识到的很多事情，潜意识就已经意识到了。我们不应该把“梦”单纯地理解为“梦”，“梦”也许是潜意识中的另一个自我给我们写来的信。

然而，非常遗憾的是，那些做过的梦，很容易被我们遗忘。特别是“噩梦”，因为它们会让我们的显意识变得混乱，所以对于“噩梦”我们还是快点儿忘记的好。曾有实验报告显示，如果强迫一个人把所有的梦都记起来的话，不夸张地说，会给他带来巨大的精神打击。

在我们能够记住的梦中，可能包含对我们有用的信息。如果能够捕捉到梦中更多有用的信息，也许我们的生活会变得更加丰富多彩。

为了更好地把梦记录下来，在睡觉前给自己做一点儿心理暗示，这样会非常有效。不仅如此，睡醒时，不要急着起床，而要有意识地回忆一下睡眠中做过的梦。也就是说，让自己在半睡半醒的状态中多保持一会儿。

此外，一醒来，趁着昨晚的梦还没有在记忆中消失，就应该赶快把它们记录在纸上。为此，最好在枕边准备好笔记本和笔。

不过，我们也没有必要强迫自己把所有的梦都回忆起来。长时间在梦与现实之间徘徊，人很容易迷失自我。

再有，在回忆梦的内容时，我们都想努力把梦的情节回忆完整。实际上，追求梦的完整性是没有意义的。因为大多数的梦都是支离破碎、不完整的。

因此，与绞尽脑汁追忆梦的完整情节相比，体会自己的感受更为重要。理解梦的含义，最关键的不是拼凑出梦的完整情节，而是把握住自己对这些情节的感受。

1

2

要想把梦记下来，睡前进行自我暗示很有效。

一定要把梦记下来哦！

3

4

5

但是，他把梦的内容和买萝卜的事，都给忘记了。

哎？

哎哟

呼……

6

弗洛伊德和荣格对梦的认识

精神分析的创始人弗洛伊德认为，人压抑的愿望会在睡眠中以梦的形式表现出来。弗洛伊德的学生荣格也认为梦是人无意识发出的信号，但荣格的解释不同。他认为，因为白天人的显意识在活动，只有到了夜晚，为了保持平衡，无意识才会以梦的形式出现。

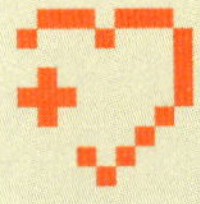

梦告诉您一个真实的自己（1）

~ 在空中飞翔的梦 ~

接下来，就为您介绍几个比较典型的梦，并分析其中潜意识发出了什么样的信息。

通过对梦进行分析，我们可以了解到各种各样平时没有注意到的事情。虽然我们无法像“梦见什么就说明什么”这样简单地解释梦，也很难给梦做一个定性分析，但至少可以从特定的梦中分析出一定的心理状态。

希望梦能成为您了解未知自己的一个参考。

◎在空中飞翔的梦

张开双臂，像鸟儿展翅飞翔一样在空中挥舞，随即自己的身体便离开地面飞了起来。不仅如此，我们还可以按照自己的意志在空中自由地飞翔。这种梦具有强烈的象征意义。

在梦中飞翔时，我们可以感觉到从重力作用中解放出来的快感。这种梦经常出现在我们开始挑战新事物或设定新目标时。此外，当有了恋人或者喜欢上某个人的时候，内心的期待感很像在空中飞翔的感觉，所以也会做类似的梦。

特别是女性，经常会做飞翔的梦。此外，女性大多会对人与人之间的关系以一种象征性的形式加以理解。所以，女性在做飞翔的梦时，还会梦到飞行时不知握着谁的一只手。

此外，当我们想做某件事情，但身处的环境和条件不允许时，也容易做飞翔的梦。在梦中，我们可以无拘无束地在天空中飞翔，完全摆脱了地球引力的束缚，像是获得了真正的自由。

这个梦可能说明我们平时的生活太无聊了，很想逃离这种乏味的生活。因此，潜意识为了消除欲求不满造成的心理问题，便通过振翅高飞的梦来让我们实现内心的平衡。

我们内心中的许多不满、不平衡，是自己的显意识难以察觉的。因此，如果梦见自己自由飞翔的话，我们就应该对自己好好审视一番了，看自己是不是有什么“想做的事情”，或者怀有什么“不满的情绪”。

1

2

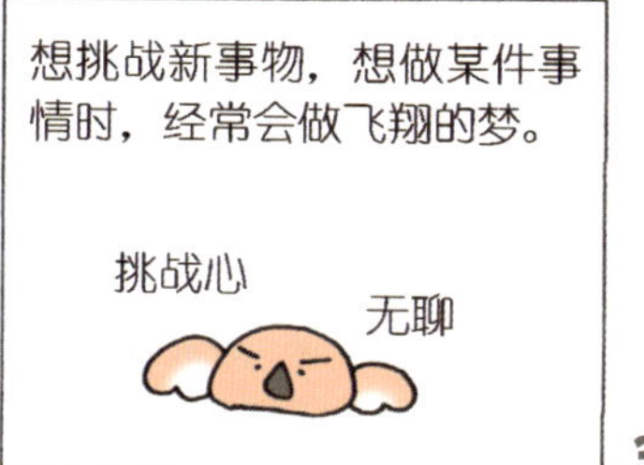

3

4

我想做点儿什么呢？对了！

5

我想好好睡一觉。

6

梦中飞翔时是个什么样子？

虽说很多人都做过在空中飞翔的梦，但飞行的方式却多种多样。最多的应该是双臂横向张开，像鸟儿一样展翅飞翔。也有的人梦中双手伸向前方，像超人那样飞。还有站在空中飞、空中漫步、空中游泳等飞行的方式。但是不管怎样，飞起来之前的努力越辛苦，就说明越想逃离无聊的生活。

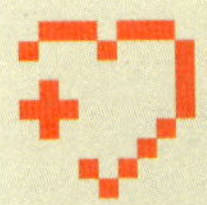

梦告诉您一个真实的自己（2）

~ 坠落的梦 / 吵架的梦 ~

◎坠落的梦

想必很多人都做过从高空坠落的梦吧。有的是当自己在空中飞翔时突然失去了控制，不管怎样挥舞双臂还是不停地往下落；有的则是自己从悬崖等很高的地方坠落下去。

当人失恋或者工作中遭遇重大挫折、失败的时候，经常会做坠落的梦。当事与愿违，而自己又对此无能为力、不得不忍耐的时候，也会做坠落的梦。如果梦中的刺激过于强烈，有的人会在坠落过程中突然意识到自己是在做梦，然后惊醒。在现实中，从高处坠落后，肯定会有受伤和痛苦在等着我们。但在梦中坠落时，人不会感觉到痛苦，只会体验到恐惧。

研究人员推测，人之所以会做坠落的梦，可能是日常生活中感受到的“焦躁”“不安”等情绪进入了深层心理，然后深层心理又以梦的形式向我们发出了信息。

◎吵架的梦

人之所以会梦到自己与别人吵架，大多是因为内心纠结或怀有不满等情绪，才在梦中通过吵架的形式发泄出来。

当自己对别人感到不满时，在梦中通过吵架把情绪发泄出来，会让自己的内心得到平衡。

此外，梦到与人吵架，但对方既不是某个特定的对象，又弄不清楚对方到底是谁的时候，那么吵架的对象多半是“我们自己”。

平日里，我们压抑自己的内心、约束自己的行为，或者不得不口是心非，甚至做出违心事时，这种不舒服的感觉就会封闭到潜意识当中，造成欲求不满。之后，这种欲求不满会在梦中出现，并通过自己与自己的“战斗”，得以将这种负面情绪发泄出去，从而让内心得到安宁。

所以，做过吵架的梦之后，我们内心会感到特别畅快。

明晰梦

所谓“明晰梦”，就是梦中意识到自己是在做梦。如果说梦可以帮助我们实现愿望、消除欲求不满的话，那么，明晰梦更能让我们体验到各种各样的愿望实现时的快感。

做过明晰梦之后，人大多会体验到幸福感和成就感。不过，我们一般很难做明晰梦，为了增加做明晰梦的机会，我们应该在平时就多给自己施加心理暗示。

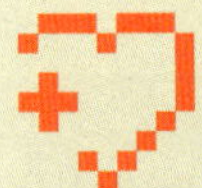

梦告诉您一个真实的自己（3）

~ 裸奔的梦 / 自己死去的梦 / 被追赶的梦 ~

◎裸奔的梦

您有没有做过在大街上、学校或公司里赤身裸体走路或奔跑的梦呢？本来，在上述公共场合是不应当赤裸身体的，但梦中由于种种原因我们就违反常理裸奔了。因为是裸体，可能有人会把这个梦解释为与性有关的梦，但实际上不可一概而论，要看裸奔时自己的感受。

如果梦中不但裸体，还伴随有性兴奋的话，那大多是自己性方面的情绪受到压抑的一种反应。然而，如果感觉到的不是性兴奋，而是羞耻感或恐惧感的话，则有可能是因为要向别人展示自己时心中忐忑不安，比如即将参加重要的面试或约会等。

此外，女性在梦中误入男厕所，并感到羞耻，这和裸奔的梦所反映的问题差不多。从这个梦可以看出，做梦人的内心深处有一种担心“被大家耻笑”的不安心理。

◎自己死去的梦

有人认为梦见自己死亡是非常不吉利的，但实际并非如此。“死亡”从大的方面讲，主要有两个含义。第一，表示人际关系或某项活动的“结束”。当对“结束”感到不安的时候，人常会做跟“死亡”有关的梦。

关于“死亡”的梦，还有另一个含义，那就是“重生”。当自己心中开始设想做某件事时，也会做有关“死亡”的梦。让过去的自己“死去”，然后开始一段全新的人生旅程。特别是青春期的少年，他们的儿童时代就要结束，即将变成成人，在这个转变的时间段，就容易做“自己死去的梦”。

1

当人的内心感到不安时，常会做被人追赶的梦。

我该怎么办？真的没事吗？

2

比如，被僵尸追赶的梦。

啊！！！

3

不管怎么跑，都无法摆脱僵尸。

啊！！！

4

5

《JJ》杂志中的“JJ”是日语中“女性自身”的缩写。

嗯？

6

梦的主人公

美国国立精神卫生研究所曾经进行过一项调查。在睡眠实验的研究中，研究人员从 250 名受验者那里收集到 635 个梦。经过分析发现，梦中大多会有“我”登场，而且 95% 的梦都是自己当主角。此外，做梦给人不愉快的感觉要比愉快的感觉多两倍。

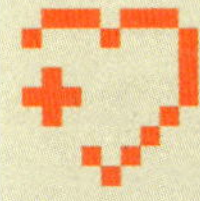

梦告诉您一个真实的自己（4）

~ 提示疾病的梦 ~

◎提示疾病的梦

有时，在我们自己感觉到疾病之前，梦会先给我们一定的提示。这是因为潜意识已经察觉到了体内细微的变化，并以梦的形式向我们发出了信息。

哲学家亚里士多德在 2000 多年前，就曾经论述过梦预示疾病的问题。

不过，提示疾病的梦，一般不会像医生站在我们面前指出你哪里有问题那样直接。举例来说，某位肾脏病患者，在病情恶化前不久，做的是一个有关核电站失控的梦。又比如，有一位患有慢性风湿性关节炎的女性，梦见自己的手腕被绑了起来，随后病情就急剧恶化。此外，前面还讲过一个梦见喉咙部位发热、有针刺感的男性，最后诊断是患上了甲状腺癌。

就像例子中所显示的，对于身体病变的部位或症状，梦一般会以比较抽象的形式表现出来。不仅如此，几乎所有提示疾病的梦，一般都会伴随不愉快感或痛苦感，让人觉得奇怪，从而引起人们的警觉。

对于梦中不愉快的视觉印象，分很多种，并且因人而异。有一位被工作压得喘不过气来的女性，在她的身体彻底崩溃前做了这样一个梦：她梦见自己的手表被很多针埋没，找不到了。对于这位女性来说，手表是她在忙碌的工作中随时查看时间时必备的工具，而手表找不到了，也就是梦在提醒她："不要太勉强自己了！"

虽然对于梦我们不必过度敏感，但如果多次梦到身体某个特定部位出现不适感，还是尽早去医院检查一下为妙。

也许，梦能帮我们早发现、早治疗身体的疾病，从而可以实现早康复、少痛苦。

1

2

3

4

5

6

心脏病患者的梦

美国密歇根州立大学的罗伯特·史密斯对 49 名因心脏病住院的患者进行了调查。结果发现，完全不做梦的患者，病情最严重。由此可见，平时对自己的梦多加关注的话，没准儿能够帮助我们尽早发现疾病，防止病情恶化。

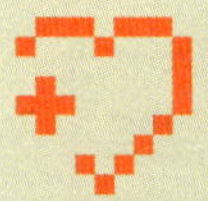

梦也存在男女差异

~ 男性经常做的梦和女性经常做的梦 ~

男性和女性所做的梦是存在一定差异的。如果能够找出具体的差异，没准儿能发现男性和女性在潜在的需求、紧张的原因等方面存在的差异。

心理学家加尔文·斯普林格·霍尔（Calvin Springer Hall）曾与另一位心理学家合作对男女各500人进行了调查，收集到1000个梦，并通过对比分析其中的差异。

结果发现，在女性的梦中，出场人物的数量比男性梦中的多。不仅如此，出现在女性梦中的多是家人、朋友等，并且大多都是友好的人物。

而另一方面，男性梦中出现的攻击性人物或者竞争对手较多，出场人数也比女性梦中的少。就梦的场景而言，男性的梦大多在室外上演，女性的梦则大多发生在自己的家里、父母家里、朋友家里或办公室里等室内场合。

关于梦中的感情，男女也存在差异。女性的梦中常会出现“惊吓”“惶恐”“愤怒”等感情，而男性的梦则有“战斗”“竞争”“探索”等行为的倾向。

女性的梦比较现实，而且出场人物较多。由此可见，女性对人际关系比较重视。她们喜欢与别人建立良好的人际关系，而且当关系出现裂痕，甚至破裂时，女性的内心深处会感到异常的不安。

男性的梦就没有女性那么现实，大多都是有关冒险、挑战、旅行等的梦。在他们的梦中，要么是去寻找某种有价值的东西，要么就变身具有特异功能的孤胆英雄。由此可见，在男性的内心深处，非常希望摆脱无聊的现实生活，或者受到众人的关注。

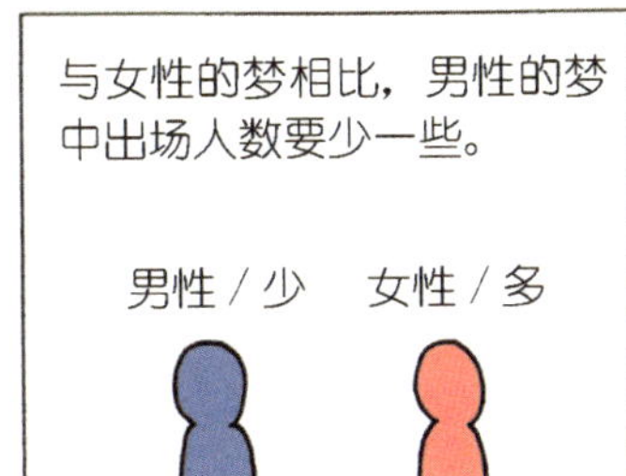

1

2

3

4

5

6

为什么做梦也有男女差异

男女的梦之所以存在差异，有人认为这是由男女让自己的感情得到满足的方式不同造成的。女性大多会通过与他人建立人际关系来满足自己的感情。而男性则大多通过事物或金钱来满足自己，这是因为男性一般竞争欲望强，把成功和胜利看得特别重要。

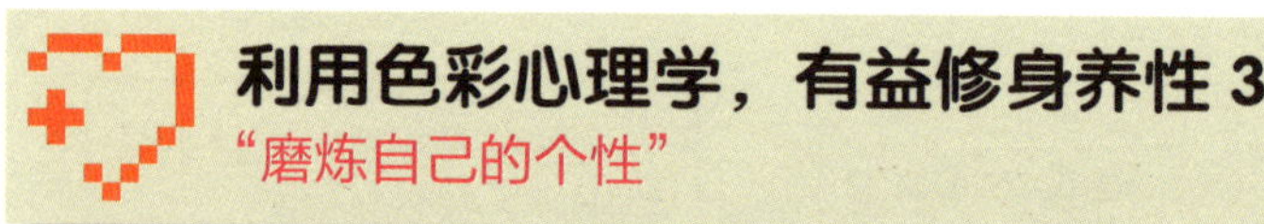

利用色彩心理学，有益修身养性 3
“磨炼自己的个性”

想活出自己的个性，就要把自己好的方面都展现出来。首先，需要认真地审视自己，并努力地去改善、完善自己。想突出自己的个性的话，推荐您穿着粉色或淡紫色的衣服。

1. 粉色的衣服

粉色的衣服具有消除紧张情绪、使内心安定下来的作用。穿上粉色的衣服，当我们待人接物时就会变得温柔、和气，而且在对方眼里，粉色也能让我们看上去非常平易近人。与人交往时，心情平静下来后，就容易站在对方的角度上思考问题，因此这样更有助于建立良好的人际关系。

2. 淡紫色衣服

穿淡紫色和紫罗兰色的衣服，能使人的感觉变敏锐，视野也更加开阔。当人审视自己，发现自己的优缺点，想加以发扬或改进时，特别适合穿淡紫色或紫罗兰色的衣服。

第三章

活出自我，活出个性

有不少朋友为自己的性格难以改变而烦恼。实际上，即使成年之后，人的性格还是可以改变的。在这一章中，我将从心理学的角度出发，就自我磨炼、自我改变为您提一些建议，没准儿能够帮到您。

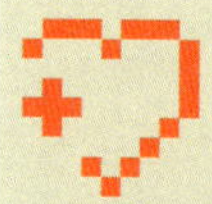

性格是可以改变的

~ 对潜意识施加作用，改变深层性格 ~

“我的性格怎么就那么难以改变？看来我是没有希望了。”相信很多朋友都有过这样的想法。其实，事实并非如此。

人有一种“角色性格”，当人在扮演被他人或社会赋予的角色时，本来的性格也会慢慢改变成角色的性格。例如，公司里的新员工，当他们能够独立完成工作、确立自信之后，慢慢就会变得和前辈一样老练；再比如，父母要求女儿“要像个淑女”，为了不辜负父母的期望，不少女孩子就会压抑自己原本开朗、活泼的性格，成长为端庄文雅的淑女。

人在公司、学校中都有各自的角色，回到家中又要扮演好妻子、好丈夫或好孩子的角色。而且，人的性格会按照自己扮演的角色去发展。即使角色的思维方式和想法等与自己本来的性格不符，但时间一长，就会习以为常，以致掩盖了本来的性格。由此可见，性格是可以改变的，而且既可以变好也可以变坏。

德国发展心理学家巴尔德斯提出，影响人性格形成的主要有三个要素，称为“三个影响力”。第一，是年龄的影响力。第二，是时代背景的影响力。第三，是结婚、换工作等环境变化所造成的影响力。这三种影响力相互作用，使我们的性格不断发生改变。

在社会中，能让我们性格发生改变的因素实在太多了。所以，理所当然地也会引起一些并非我们所期望的改变。为了避免这种情况，也为了不让自己迷失和失去自己的个性，我们必须改变意识，珍惜原本的自己。

不过，只改变表层的意识，没有什么意义。我们需要灵活运用自己深层的心理，把自己的个性激发出来，并让性格充满自己的特色。

1

很多因素都会影响我们，导致性格发生改变。

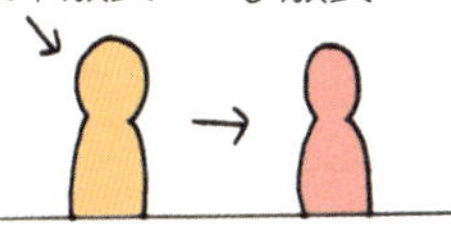

2

3

外表、环境、年龄等，都会影响我们的性格。

4

只要有强大的意识，我们就可以按自己的想法改变性格。

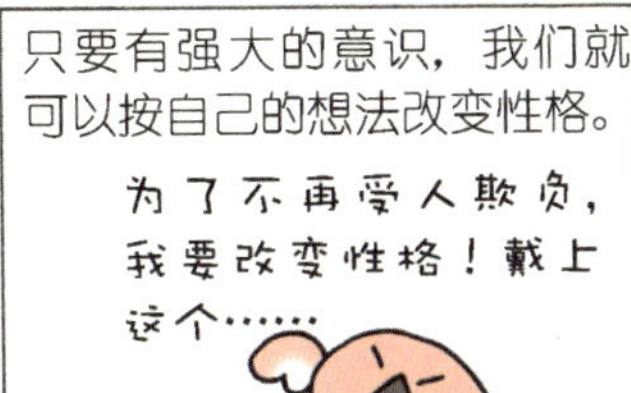

5

6

三个影响力

三个影响力，是德国发展心理学家巴尔德斯提出的影响人性格的主要因素。人从出生到去世，都会受到这三个影响力的影响。但是，三个影响力在不同的人生阶段，发挥的作用不同，强度也不同。比如，在儿童时期，年龄因素对性格的影响力比较大；而在青年时期，时代背景的影响力比较大。

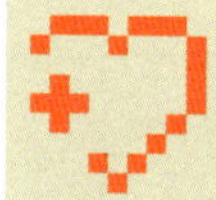

将缺点变成优点的心理技巧

~ 缺点反过来就能成为优点 ~

那么，我们到底该如何改变自己的性格呢？单纯的“改变”并不一定是好事。很多人都对现实中的自己抱有否定态度，认为“原本的我不应该是这个样子”。他们相信还有另外一个自己，于是想彻底变个样子。

现实中，对于自己的现状感到满意的人，真是少之又少。很多人都有“变身愿望”，他们想改变自己的外表、提高自己的能力，想让自己变得比别人优秀。而且，他们认为多读一些自我修炼的书、多参加一些讲座，就是改变自我、完善自我的捷径。于是，他们去书店买书、参加各种讲座来给自己充电。他们确实也从中获得了满足感，并认为这样就可以改变自己了。

的确，一些细节的改变可以让人产生自信，让性格变得更加积极开朗。然而，这种表层的改变不能从根本上解决问题。时间一长，人又会感到空虚无助，特别是依赖性比较强的人，更容易出现这种情况。

“改变”自己的性格并不是目的，我们的目的是要对自己充满自信，并活出自我、活出个性。

实际上，我们认定的自身的某些缺点，也许并不全是负面的、不好的。日本有句俗话叫作“短处即长处”，意思是说，有的时候缺点反过来可以变成优点。如果怀着“我必须让自己变得更好”的想法进行自我分析的话，结果往往只会注意到自己的缺点。如果能换一个视角审视自己的话，那些“缺点”中也许有不少正是优点呢。

在这一章中，我将以大家平时不经意间的行为和思维为例，帮大家在短处中发现自己的长处，并以心理学理论为依据，为您介绍具体的改善方案。

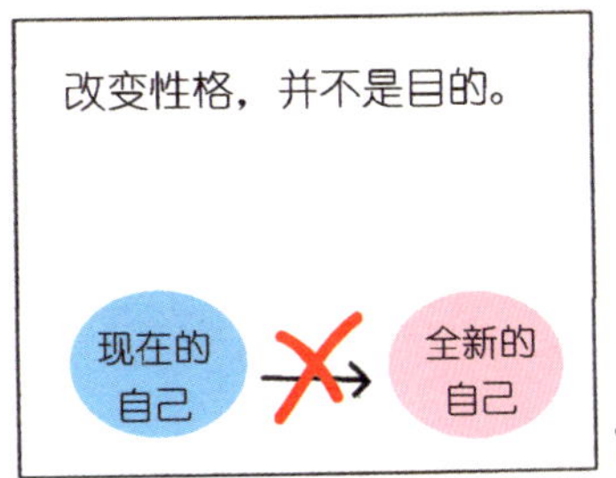

1

2

3

4

5

6

变身愿望

所谓变身愿望，就是改变自己，想变成其他人的愿望。特别是女性，想变得更美的愿望尤为强烈。化妆，虽然在文化、礼仪上都具有一定的意义，但化妆的动力还是源于“变身愿望”。另外，对于自己的外表、内涵缺乏自信的人，更容易对 COSPLAY 着迷。

① COSPLAY 是英文 Costume Play 的缩写，日文写作“コスプレ”。一般指利用服装、饰品、道具以及化妆来扮演动漫作品、游戏中的角色。玩 COSPLAY 的人则一般被称为 COSPLAYER。

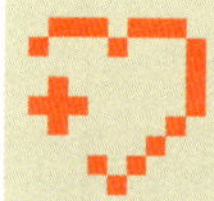

做事没长性的人（1）

~寻找内部动机／设定目标~

您有没有做事情缺乏耐性的时候？是否为此责备过自己意志力薄弱呢？

做事情没长性，并不能简单地说是坏事。做事情缺乏长性的人，换一个角度看，也许就是“执行力比较强”的人。因为这样的人，往往在做着一件事情时，就想去做另一件事情，于是把手头的事情给忽略了。与那些嘴里说着“我必须得做那件事情”，但并不付出实际行动的人相比，他们已经表现出自己执行能力强的一面，开始行动了。这种执行力和敢于实践的态度是没有问题的。

很多做事没长性的人，一般好奇心比较强，对各种事物都感兴趣，想进行各种各样新的尝试和挑战。这种思维方式和行为是非常有价值的。然而，对于必须坚持到底的事情，他们常常会半途而废，这就是一个问题了。不过，不能坚持到底，并不全都是意志力薄弱造成的，也许是因为他们还没有找到容易坚持下去的方法。

那么，具体怎样做才能让我们更容易、也更轻松地坚持到底呢？这就要说到做事情的“动机”了。我们自愿、自发地去做某件事情的“内部动机”，对于坚持到底来说尤为重要。当别人要求自己做某件事情时，不要想着“别人要求我做，所以我做”，而应该转变思维方式，这样来想：“我自己决定做，所以我做！”

此外，想清楚做这件事情的目的非常重要，即事先要弄清楚“我为什么要做这件事情”。也就是说，要找到具体的目的，比如“为了健康和美容，我要坚持下去”“为了提高工作能力，我要做这件事”等。然后，再确定最后的目标，比如“3个月减肥6公斤”“用半年时间完成电大的学业”等。设定目标的时候，最好加入时间、数值等具体信息。因为越具体的目标，越能对我们的潜意识起到强化作用。

我们还可以将自己的计划和目标在家人或朋友面前进行宣布。这样有了别人的监督，我们就很难再半途而废了。

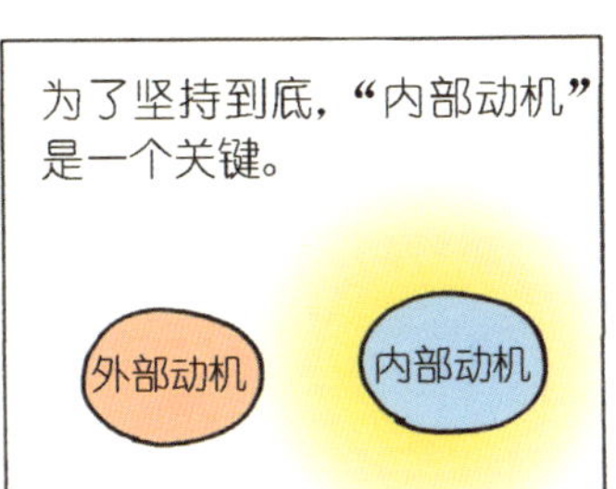

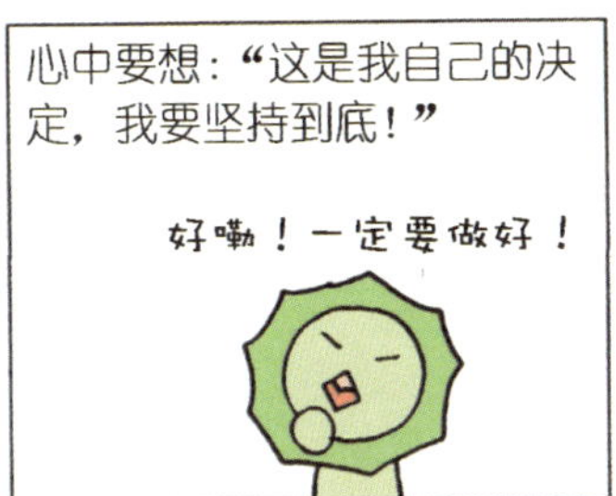

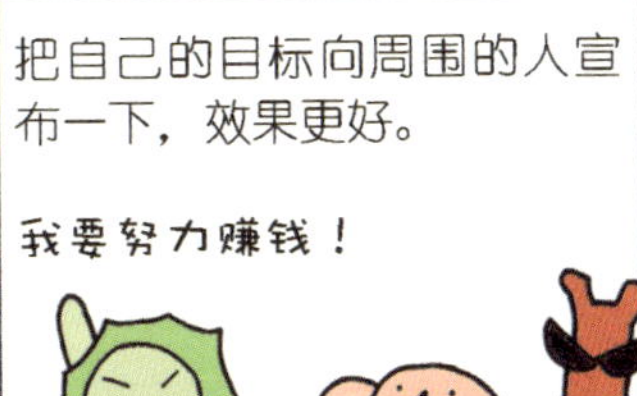

为了坚持做完一件事，在过程中需要反复确认目标，不停地想象实现目标时的情景。这样一来，就可以预测到自己可以实现目标，从而使人体分泌出传达快乐的物质——多巴胺，为坚持下去提供动力。由此可见，想象成功时的情景，对于做成一件事情也是非常重要的。

做事没长性的人（2）

~ 小表扬，大作用 ~

对于坚持做一件事情，“表扬”也是非常重要的。

在做事的过程中，如果感觉不到“效果”，就很难坚持下去。具体、详细的表扬，直接关系到坚持下去的动力。因此，我们最好将目标细化。比如，“3 个月减肥 6 公斤”的目标就不如“1 个月减肥 2 公斤”好。减肥是一个比较漫长的过程，中途可能会出现停滞不前或者反弹的情况，所以设定目标时，最好将这些情况都考虑进去。

将大目标细化成若干小目标的好处，是每一个小目标都比较容易实现。实现一个小目标后，一定要及时地对自己进行表扬、奖励，这样我们做下去会更有动力。

我们可以为自己制定一个奖励机制，例如“如果实现月度目标，就可以给自己买一个期待已久的东西做奖品”。这种“奖励效果”是非常强大的，有了这样的激励机制，人会持续不断地付出努力。

此外，为了坚持到底，“环境”也是非常重要的。当发现自己存在某些方面的不足，需要进行补足和加强时，如果能为自己创造一个更有利于坚持下去的环境，会进展得更加顺利。

举例来说，如果准备跑步健身，那么就不要把运动服放在柜子里，而应该摆在显眼的位置。而且，运动服最少要准备两套，以免自己给自己找借口说：“哎呀！运动服洗了还没干，今天就不去跑步了。”又比如，接受电大教育、职业资格教育时，最好把课本随身携带，这样，无论走到哪里，只要有空就可以拿出来读一读，免得给自己找借口说：“课本没带，今天就不学习了。”

此外，当准备减少自己的“过剩物”时，就要创造一个远离“过剩对象物”的环境。比如，减肥期间，房间里就不要放零食，平时也最好不要去光顾便利店等零食较多的地方。相似的，在戒烟期间，家里和办公室里也千万不要再放打火机和香烟。

1 小小的表扬，能帮我们坚持下去。

2 将大目标细化成若干小目标……

3 实现目标的话，给自己小小的表扬和奖励。

4 然后，就会为下一个表扬或奖励而努力了。

5 真的减了 0.5 公斤！要奖励！要奖励！

6 奖励自己大份牛肉盖浇饭。

奖励的效果

一定的奖励，对于坚持做完某件事，是非常有帮助的。比如，对于上班族来说，周末的休息日就是一种奖励。工作日里凭着对休息日的向往，能让人克服很多困难，坚持好好工作。

对自己没有自信的人（1）

~通过“自我暗示”想象成功时的情景~

有的朋友对自己缺乏自信，甚至感到自卑，认为自己是内心软弱、一无是处的人。即使是正常人，也会有这样的时候，您有过吗？

对自己缺乏自信，不能就认为自己是软弱的人。换个角度来看，没有自信的人反而能够谨慎地对待事物，并怀着谦虚的态度待人处事。可以说，没有自信的人具有一种很强的危机管理能力，他们会事先设想各种不确定的因素，并为此想好对策。

当具有这种性格的人确立自信之后，他们会比那些天生的自信的人强大很多。天生自信满满的人，容易“因为大意而犯错”，或者“因为太过强势而遭人讨厌”。不自信的人找到自信后，一般不会发生上述情况。而且，他们依然会保持对事物的谨慎态度，扎扎实实地做好每一件事情。因此，如果您现在对自己缺乏自信的话，我觉得那反倒是一个机会，是一个让自己变得更强大的机会。

自信的根源来自“确信”。正面思考的“确信”直接关系到人的信心指数，但“确信”并不是那么容易得到的。不过，有一个方法可以让我们获得正面思考的“确信”，那便是对自己进行“自我暗示”。“我绝对能做好！”这句话要经常对自己说。

这种方法虽然非常原始，但也非常有效。所以，只要有时间，就站在镜子面前对自己说：“我能行！我不会失败的！一定会顺利的！”长此以往的话，我们的潜意识就会相信“自己真的能行”，于是在潜意识的作用下，就真的能够发挥出强大的能力了。

所以，平时要多想象一下成功时的情景，这对于成功真的很重要。

在不断给自己心理暗示的过程中，人就会真的认为自己应该是那样的，无意识地就会朝着那个方向努力。这种现象在心理学上称为“自我成就预言”。

对自己有所期待（自己被期待），这就是心理暗示，而心理暗示的效果可以使自己朝着期待（被期待）的方向前进。此外，在学习过程中，如果一开始便认为自己一定不行，比如考试一定不及格，人就会在无意识中缩短学习的时间，并最终出现想象中的坏结果。

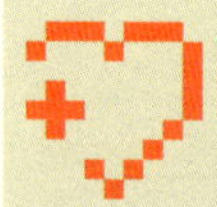

对自己没有自信的人（2）

~不要给自己找借口，让小成就感给您自信~

在人建立自信的过程中，有一种非常麻烦的思维方式总是起到阻碍作用，那就是一种叫作“合理化”的“自我防卫机制”（请参见本书第16页）。

举例来说，人在没有自信时，嘴上不会承认自己没有自信。而当失败时，又会给自己找借口，“没有自信”就是借口之一。因此，我们经常能听到有人在失败时说：“因为我缺乏自信，所以没做好。”

请您回想一下自己在失败时的言行和当时的感情，是否也用“我没有自信”当过借口来掩饰自己的失败呢？

这种行为，在我看来，也可以称为一种“撒娇”，即对自己撒娇。如果遇到困难、遭遇失败时，我们只会对自己撒娇，为自己找借口，而忘记了万事向前看，并发扬开拓、挑战的精神，那我们永远也无法获得自信。

仔细想一下，其实失败也没什么大不了的。如果事先只顾考虑各种预防失败的措施，而放弃了挑战精神，我觉得这才是真正的损失，因为我们会为此失去获得自信的机会。

此外，不断积累成功的经验，对建立自信非常有好处。所以，我们有必要主动地为自己播撒一些能够带来小成功体验的种子。现在无法完成的事情，通过训练和努力一定能做到。成功时体验到的“啊哈！成功啦！”的成就感，在心理学上称为“ACH体验”。能如此反复体验到成就感的话，小自信积少成多就会变成大自信。

所以，建议大家每天早上（或前一晚）为自己设立一些当天应该实现的目标。不仅如此，还应该把它们写在纸上。比如，“今天读多少页书”“今天完成多少项工作”等。

当一天快要结束时，还要对任务的完成情况进行评价。完成的话，要对自己进行表扬，比如，夸自己“干得漂亮”。这样一来，人就会逐渐自信起来。

ACH 体验

“ACH”是德语，相当于我们的语气词“啊”。在挑战新事物获得成功时，“啊！成功啦！”的这种感受就叫作“ACH 体验”。越多体会“ACH 体验”，人就越有自信。所以，我们在设定目标时，尽量不要把难度设定得太高，而是既要有一定难度，又能够实现的最好。而且，成功后别忘了表扬和赞美自己。

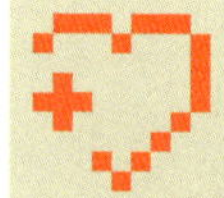

总是焦躁不安的人（1）

~ 多角度预测和分析原因 ~

经常性的焦躁不安，会造成精神压力的累积。长此以往，不仅对我们的精神，对肉体也会有损害。

人经常感到焦躁不安，甚至“轻度愤怒”，大多是因为自己预想的情况受到了别人的妨碍。这类人的性格特点是一把双刃剑，既可以说他们“性情急躁”，也可以说他们“善于对未来的情况做预测”。“善于预测”可以发展成优点，只要把这一部分合理利用，完全可以给人带来益处。

如果一个人经常被他人弄得焦躁不安，大多是因为对方的行为与自己的预测存在很大出入或冲突。如果能够学会预测别人的行为，则可以大大减少冲突的发生。

比如，在饭店就餐时，点菜后上菜的快慢，我们本可以根据当时饭店客人的多少、环境是否混乱等做出预测。再比如，给客户打电话时，如果对方接电话的态度很差，那么我们就可以推测对方是刚进入公司没有经验的新人。如此想象对方的背景、状况等，我们就会变得宽容，也不再那么容易生气了。

我们还要学会根据现状来推测事物的发展情况，并设想其中可能会给自己造成的危害。此外，当发生预料之外的情况时，我们可以通过设想事件的背景，给自己一个合理的解释，以减轻愤怒的程度。

当我们感到焦躁不安或者愤怒时，冷静地分析一下生气的原因也是非常有必要的。很多时候，当我们冷静地分析原因之后，就会发现自己根本没必要那么生气，其实并不是什么大不了的事情。

这样做不仅能减轻我们的焦躁情绪，还能拓宽自己的视野，学会站在别人的立场上考虑问题，也更能设身处地地理解别人的心情。只要平时我们能换个角度考虑问题，思考各种可能性，并理解、尊重别人的想法和行为，就不会经常感到焦躁不安了。

世间充满了令人焦躁不安的因素。

人际关系

金钱问题

家庭问题

1

饭店上菜很慢，

2

服务员说话也不太客气。

3

为什么可口可拉是粉红色的？

4

上菜→应该更快
服务员→应该更有礼貌
考拉→应该是灰色的

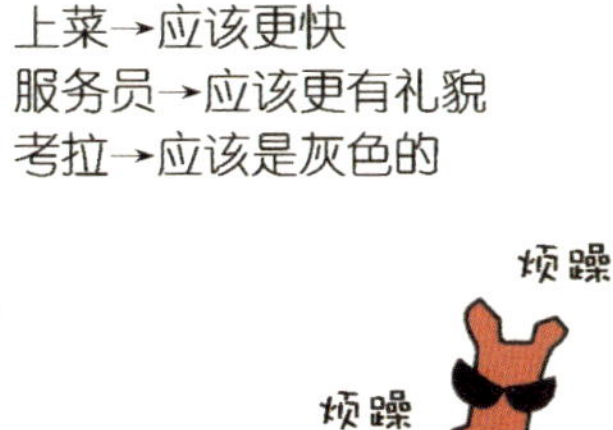

5

6

缓解愤怒的行为

日本的研究者汤川进太郎和日比野桂曾于 2003 年以大学生为对象进行过一项调查，调查的内容是他们在愤怒时会采用什么样的行为来缓解这种情绪。结果，排在第一位的行为就是“与别人分享心情”，即把自己的愤怒向家人或朋友倾诉出来。要特别提到的是，把愤怒直接以攻击性行为发泄到对方身上的只排在第五位。

总是焦躁不安的人（2）

~ 消除焦躁不安情绪的对策、“血清素”的效果 ~

心理学认为，“不是因为有了令人愤怒的事情，人才会愤怒。而是愤怒的感情，令愤怒不断升温”。轻度的愤怒，在人的焦躁情绪中，会不断地加强。

为了防止焦躁不安情绪的出现，我们要做到以下两点：

1. 扩大预测的范围；
2. 冷静地分析焦躁不安的原因。

除了上述两点，还要加上一条，那就是不要太在意细枝末节。

愤怒，是对使我们愤怒的人的一种威吓，目的是防止其再次让自己愤怒。由此可见，愤怒并不是一无是处。然而，愤怒会使人的内心平衡被打破。所以，最好还是想办法磨炼自己的心性，让自己不生气为好。

经常焦躁不安、动不动就生气的人，我建议这类朋友应该适当改变一下自己的认识，要把愤怒当成是一种愚蠢的行为。如果这样还是无法改善焦躁情绪的话，希望各位朋友不要把负面情绪压抑在心里，最好找一些方法来发泄。把心中的愤怒情绪诉说给别人听是一个不错的方法。诉说，就有一种发泄不良情绪的作用。

上面从心理学角度介绍了消除焦躁不安情绪的方法，接下来，从脑科学的角度为大家讲讲控制情绪的方法。

人的情绪与一种脑内物质——“血清素”息息相关。血清素具有让人精神安定、内心平静的作用。所以，我们需要血清素。为了让脑内的血清素分泌量增加，可以通过“食补”来达到这个效果，建议摄取适量的肉类和砂糖。此外，白天要多晒太阳，晚上要保证充足的睡眠。再者，有节奏感的运动也很重要。织毛衣、大扫除以及有节奏的散步、慢跑等都有促进血清素分泌的效果。

1

2

3

4
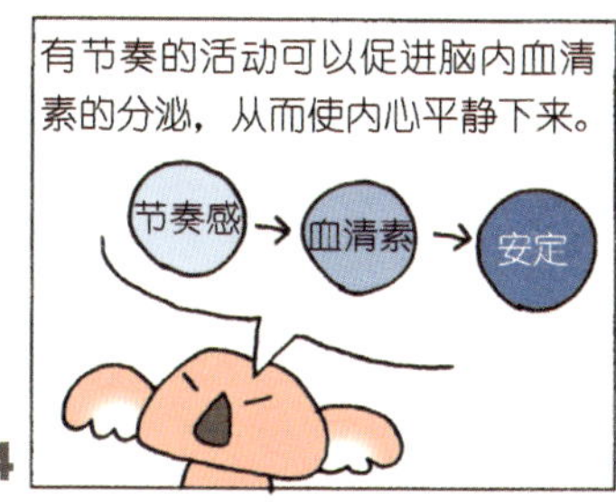

5

6

血清素

脑内分泌的血清素，是一种神经传导物质，具有让内心安定、平静的效果。如果血清素分泌不足的话，人就不容易控制自己的情绪，还会感到慢性疲劳，有的人会由此引发“过食症”。每天早晨起床后，出去晒晒太阳，有助于刺激血清素的分泌。

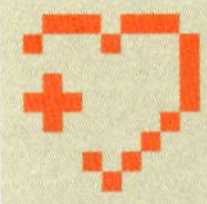

不经意说谎的人

~努力克服内心的劣等感~

有的朋友会在不经意之间说谎，他们为此感到十分烦恼，甚至瞧不起自己。这是因为我们从小就被教育“撒谎不是好孩子”。然而，我们不能将说谎一概而论，有些谎话也是必要的。

在公司中，指着上司的头发说，“你戴的是假发”，虽然说的是实话，但恐怕不会有什么好结果。

有些谎话，不仅可以使人精神振作，还能促进人的成长。因为虚荣心作怪而说的谎话，是想“让自己看起来更光鲜”；而为了将失败合理化而说的谎话，是想“保护自己”。这样的心理，有时可以促进人的成长，所以也并不一定都是坏事，而问题的关键就在于谎话的使用方法。

说谎的原因之一就是“虚荣心”作怪。在虚荣心背后，隐藏的其实是我们内心的“劣等感”“自卑感”。比如，当人失败或犯错时，都不想承认自己的错误，于是会不经意地说谎。因此，我们需要不断努力来增强自己的信心。待有了自信后，人的劣等感、自卑感就会逐渐消失，也就没有了要靠说谎美化自己的必要。

有的时候，人会为了争一点点面子而说谎，这其实完全没有必要。只要努力去实现它就好了，到了那个时候自然也就不用说谎了。

此外，为了自我保护而说谎的人，是想从困难中逃脱出来，不想面对现实。这样的人总想把失败的理由用谎话加以合理化，借此安慰自己。这样的朋友，应该面对现实，承认自己的错误，然后认真分析原因，努力加以改善。

我们不应该用谎言来掩饰自己的劣等感、自卑感，也不应该用谎言保护自己，正确的做法应该是通过努力和行动提高自己，让自己成长，从而消除说谎的根源。只有这样，才能活得更像自己，更有自己的个性！

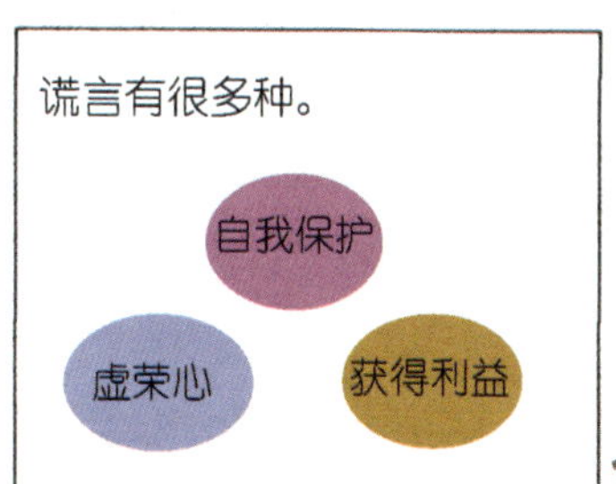

1

2

3

4

5

6

政治家的谎言

当政治家有贿赂案曝光时，他们常会辩解说：“我不知道！是秘书接受的。”为什么他们会找这种明显不真实的借口呢？这是因为他们怕说多了会露馅。这也暴露了一种心态，即他们大多认为，为了所谓的“大义”，“小恶”是无关紧要的。

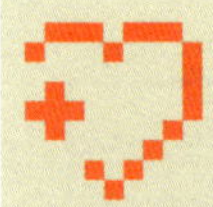

看着菜单总是难以做决定的人

~要习惯承担起责任，由自己做决定~

在饭店就餐时，您有没有看着菜单不知道该点什么菜的情形呢？是不是也会为此感叹自己是个犹豫不决、没有主见的人呢？然而，犹豫不决，正是在不断寻找最佳方案的证明。所以，这也不一定全是坏事。

虽说缺乏判断力、决断力是个问题，但如果是因为没有找到最佳方案而迟迟做不出决定，那至少说明这个人不愿意妥协。如果能够灵活一点儿，就能将其转化为自己的优点了。

看着菜单总是难以做出决定，最后还要请别人帮忙点菜的人，要适当训练一下自己。即使多花点儿时间，也要由自己做决定。自己吃什么，要由自己做主。

不管是谁，都有不愿意去承担责任的倾向。把做决定的责任推给别人，即使失败了，也不关自己什么事，所以会感觉轻松一些。然而，失败的经历也能为我们提供学习的机会。如果人都不敢于承担起失败的责任，害怕体验失败的经历，也就无法从努力防止再次犯同样的错误中得到成长。

由此看来，这不单单是看菜单点菜的问题。看着菜单总是很难做出决定的人，一般在其他事情上也有同样的倾向。所以，这类朋友需要养成自己负起责任进行选择、做出决定的习惯。一开始，可以选择一些简单的事情来练习自己做决定，待积累了一定的经验后，就能培养出自己负起责任做决定的能力。

此外，还有一些人是因为顽固地要选出最好的，才会看着菜单迟迟做不出决定。这样的朋友一般在潜意识中有一种强烈的想法，即“我绝对不能失败”。建议这样的朋友应该放松心态，要这样来想，“即使这次点的菜不好吃，下次再尝试其他的就好啦”。

1

看着菜单不知该点什么菜的朋友，

营养A套餐
清爽B套餐

2

要训练自己即使多花时间，也要自己做选择。

营养A套餐
清爽B套餐

嗯，就B套餐吧。

3

4

5

6

随大溜的心理

因为工作关系，约同事或客户在餐厅用餐或茶馆喝茶时，很多人会随大溜，点一份和别人一样的菜。这大多是比较注重人际关系的心理在起作用的结果。他们心里会有这样的顾虑，“我一个人花时间看菜单，等于占用大家的时间，这样不好”“点其他的菜，太突出自己，这样也不好”等等。

对电视购物上瘾的人

～了解电视购物中的各种推销技巧～

电视购物，如果利用得当的话，可以淘到既便宜又实用的商品，而且非常方便。所以，我们不要一味地排斥电视购物这种购物形式。

然而，如果把电视购物当成一种释放精神压力的工具，即通过电视购物来获得快感的话，那可就有问题了。而且，电视购物中充满了各种利用人的心理进行推销的技巧，可谓“陷阱重重”，所以我们一定要小心。首先，我们要了解电视购物背后隐藏的推销技巧，做到知己知彼，才能不“中计”、不“成瘾”，并能从这种购物形式中得到好处和便利。

实际上，通过电视购物，选购自己需要的商品，以获得适当的满足感和期待感，这是很健康的。问题的关键就在于要把握好“度”。

电视购物中经常出现“限时抢购”“限量100个”等鼓动人心的话语，这对于那些犹豫买还是不买的人来说，具有强有力的推动作用。实际上，卖家准备的商品数量，肯定远远不止100个，这不过是一种促销手段而已。

此外，“赠品”也是常用的促销方法。即使对商品本身的兴趣不大，但看到卖家推出的赠品，有些人还是会忍不住动心。他们会如此说服自己：“现在买有赠品，真是赚到了，还是赶快打电话订货吧！”这在销售心理中被称为“That's not all技巧”（“赠品技巧”）。利用这种技巧可以极大地刺激消费者的购买欲望，也是电视购物中卖家常用的促销技巧之一。

再举一个促销方法的例子。出售手提包的卖家，会在电视中展示多种颜色的同款手提包。这样做其实并不是为了满足消费者对多种颜色的需求，而是想让消费者产生一种“要是我的话，会选择某个颜色”的想法。当消费者心里这样想时，就会不知不觉地产生购买的愿望。据说，提供五种颜色供消费者选择时，促销作用最强。

了解了以上这些推销心理技巧后，我们就没那么容易上当了。

That’s not all 技巧

所谓“That’s not all 技巧”，就是“现在购买，还有额外赠送”的赠品战略。不等对方做出反应，就提出对对方有利的要素，这也叫作“附加价值战略”。这种技巧，不仅能让消费者产生“占便宜”的满足感，还能给他们制造一种紧迫感，即“现在不买，以后就没赠品送了”。

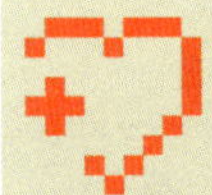

只爱名牌的人

~善用角色性格，激发上进心~

有的人判断一种商品的优劣时，不是根据它的品质、设计等要素，而是简单凭借“是否是名牌”。这种对名牌的依赖心理，并不可取。因为长此以往的话，人根据本质判断事物的能力就会衰退。相反，只是根据表面现象进行判断的思维方式会越来越发达。这样非常不利于我们对事物做出正确的判断。

对名牌有依赖心理的人，还往往具有通过穿着或佩戴名牌来抬高自己身价的倾向。说到底，这无非是一种心理效应。实际上，不管穿着多么昂贵的衣服、开着多么高级的汽车，都不能给人的本质带来什么变化。而把自己“包裹”在名牌中的人，也是无法获得成长的。

然而，不能简单地说这种行为没有一点儿好处。当人穿着或使用名牌商品时，会无意识地使自己本身与名牌商品相配，从而产生一种上进心。因此，从心理学的角度来看，钟爱名牌也不全是坏事，关键是不能把拥有名牌商品当成是一种获得满足感和安心感的工具。

当人被赋予某种角色时，就会去努力扮演好那个角色，于是原本的性格也会随之发生改变，进而转变成角色应有的性格（请参见第70页的“角色性格”）。这种心理效应非常强大，在改变性格时，能够发挥很大的作用。举例来说，当人穿上名牌服装之后，就会感觉自己应该与这身衣服相符，于是会下意识地控制自己的表情、说话方式和说话内容等。这样看来，名牌商品没准儿能让人的性格往好的方向发展呢。

对于名牌商品，重要的是不能依赖它们，即不要单纯期望通过穿着或使用名牌商品来获得满足感和安心感。我们要做的，不是去追求名牌商品，而是要利用名牌商品，让它们帮我们成长，激发我们的上进心。

此外，在“光环效应”的作用下，外表光鲜的人也会被认为内涵很好。所以，我们不仅要好好利用名牌商品，获得别人良好的评价。与此同时，也要磨炼自己的内涵，让自己配得上那些名牌商品。

1

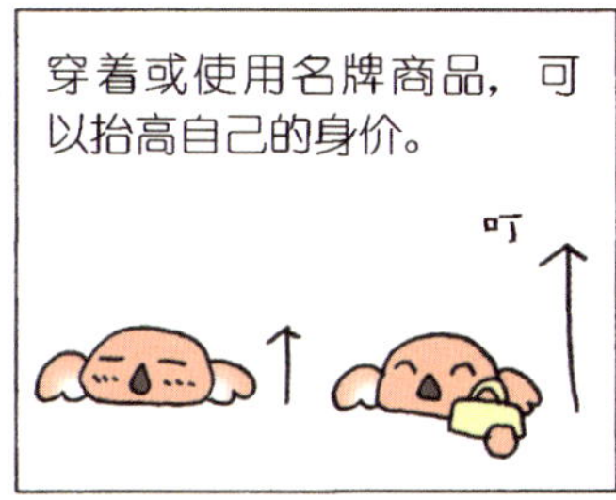

2

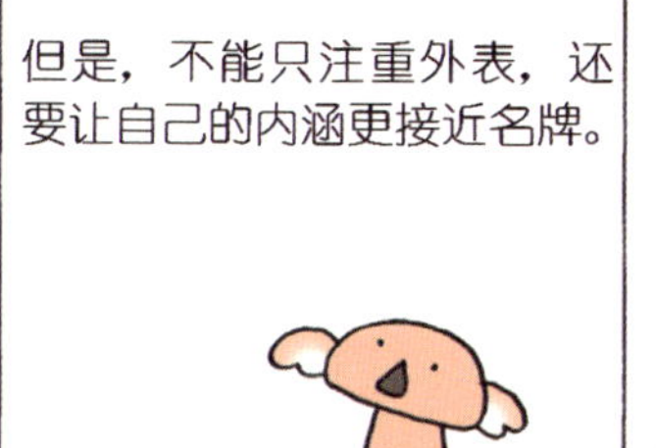

3

4

估计它理解错了……
5

6

抵触名牌的心理

世间有人迷恋名牌商品，也有人抵触名牌商品。这是因为有的人觉得用名牌商品来提升自己的形象是一件非常不好意思的事情，他们会感到不自在。还有的人是因为自己买不起名牌商品，而产生了嫉妒心理。为了进行自我保护，他们会将买不起名牌商品的事实合理化，进而抵触名牌商品。这就是一种典型的“吃不到葡萄说葡萄酸”的心理。

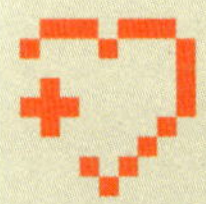

对八卦新闻着迷的人

~ 对于自己嫉妒的人或事，我们总会特别关注 ~

对八卦新闻着迷，其本质是人的好奇心太强，通过挖掘八卦新闻可以满足自己的好奇心；又或者，是对娱乐明星存在“嫉妒心理”，通过寻找娱乐明星的负面新闻，让自己相对地处于优势地位，从而获得心理上的满足感。

可以说，对八卦新闻着迷是一种比较消极的行为。不过，从中我们也能看到这类人积极的一面，那就是对新信息的好奇心以及搜集信息的能力和行动力。

当今社会，人们关注的东西越来越向自己集中，很多人甚至对外界事物失去了兴趣。与这类人相比，对八卦新闻感兴趣的人，至少还保持着旺盛的好奇心。从这个角度看，关心八卦新闻还是一件好事呢。

当看到艺人、明星的负面新闻或不幸遭遇时，有些人会不知不觉感到很爽。应该说这种人的内心深处，潜藏着对娱乐明星的“嫉妒”之心。这样的人，不仅会嫉妒娱乐明星，对于自己身边的人，他们也会去比较。比自己好的，他们同样也会嫉妒。

与别人进行比较，叫作“社会性比较”。很多学者都曾对社会性比较进行过研究，结果发现，社会性比较是人在无意识之间所做出的行为之一。也就是说，人在无意识之间，总会把自己和别人进行比较。

因此，对八卦新闻着迷的人，要想解决自己的问题，先要认真审视自己的内心，看自己到底嫉妒娱乐明星哪一点。自己嫉妒别人什么，就说明自己想得到什么，比如“事业成功”“名利双收”“漂亮伴侣”等。知道自己很想得到什么，以后努力去争取就是了，这也可以成为一种向上的动力。由此可见，痴迷于八卦新闻，也并非全是坏事。只要合理利用，还能借此更加了解自己，并促进自己的成长。

1

2

3

4

5

6

社会性比较

人会在无意识之中与他人进行比较，借此确认自己的能力和价值，以获得安心感。而且，人容易把和自己类似的人当作比较对象。

八卦新闻中登场的演艺明星，虽然大多是成功人士，但关于他们的新闻大多是负面的、不幸的内容。有不少人的幸福感是建立在别人不幸的基础上的，所以他们容易对八卦新闻着迷。

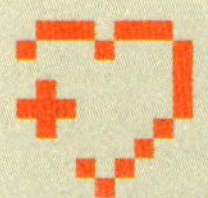

不善于拒绝的人

~ 通过有条件地接受，来获得平衡 ~

每当别人对自己提出请求时都难以拒绝的人，一般都非常注重人际关系，害怕与人发生纠纷，担心人际关系出现裂痕。其中也有一些人性格过于温和，总是从别人的角度考虑问题，最后为了照顾别人、满足别人的愿望，而做出牺牲，压抑了自己的想法。

在如今的社会中，只考虑自己的自私自利的人越来越多，所以能够尊重别人的主张，真的是一种非常难得的可贵品质。不过，总是自我牺牲，总是无法拒绝别人，就有问题了。

有些深谙谈判之术的人，更是会利用一些心理效应让对方难以拒绝自己。比如，先提出一些简单的要求，等对方答应之后再逐渐提高请求的难度，这叫作“Foot in the door 技巧”（登门槛请求法，请参见本书第 26 页）。还有一种“Door in the face 技巧”（留面子技巧），即先提出一个难度非常高的请求，故意让对方拒绝，接下来再提出自己真正想提出的请求。对于一般人来说，拒绝了别人的请求之后，会产生一种负罪感，所以对于对方接下来提出的难度相对较低的请求，一般不会拒绝。

当谈判高手对我们使用这些心理技巧时，我们该怎么办呢？本来就不善于拒绝别人，这样一来就根本没有还手之力了。别担心，接下来，我教您一招“有条件地接受”，来对付他们。

比如，临近下班时，上司给了我们一项新任务，说：“请草拟一个下月计划表。”您可以这样回答：“如果可以在明天中午前提交，我一定会做好的。”在答应上司的同时，也提出了自己的条件。

这样来回答，既表现出了接受对方请求的姿态，也不用自我牺牲太多，算是一种折中的做法。因为首先表现出了一种“我愿意接受”的态度，而不是以一句“我不做”直接拒绝对方，让对方下不来台，所以不用担心人际关系会出什么问题。而且，这种回答方式既尊重对方，又不用压抑自己。当我们熟练地掌握这种方法之后，还能逐渐地表达出自己的主张。

不善于拒绝别人的人，

- 总是被上司要求加班；
- 对于朋友提出的请求，也不好意思说“不”。

1

可以尝试一种“有条件地接受”的方法。

- 首先表现出愿意接受的姿态；
- 提出一定的条件，让自己不用牺牲太多。

2

3

4

5

6

有条件接受法

有些时候，对于上司或朋友提出的请求，我们不好断然拒绝。这个时候，我们首先要表现出一种愿意接受的态度，然后再根据自己的实际情况，提出一些条件。这种巧妙的接受方法，不会让人际关系出现问题。而且，通过对条件的控制，既可以表现出较强的接受态度，也可以表现出较强的拒绝倾向。

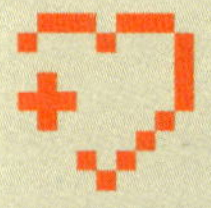

关键时刻总是紧张的人（1）

~ 改变思维方式 ~

在众人面前紧张得要死、不敢开口讲话的人，或者一到关键时刻就紧张的人，遇到事情时大多先设想失败的结果，属于思维方式比较消极的类型。特别是严谨认真的人和完美主义者，更容易在关键时刻变得异常紧张。

不过，紧张也并不全是坏事。当我们进入紧张状态后，虽然做事容易出错，但也能让别人看到我们真诚的态度。在体育比赛中，适度的紧张状态容易创造出好成绩；在面试中，适度的紧张感能够给面试官留下良好的印象。

因此，对于容易紧张的自己，我们不应该感到自卑，更不应该自暴自弃。紧张有的时候也是好事情。只要学会控制自己的感情，就能够给人留下更有自己特点的印象。

想要对容易紧张的自己加以控制，首先需要改变自己的“思维方式”。人之所以会紧张，大多是因为事先总是想象失败的结果，也就是说，是消极的思维方式导致了人的紧张情绪。所以，让自己的思维方式变得积极起来，就不容易紧张了。

举例来说，准备当众进行演讲时，可以想象一下观众被自己的演讲感动或者自己的演讲博得观众一片掌声的情景。另外，还要给自己一些心理暗示，例如“我一定能做好”“我没问题的”。给潜意识施加作用，有助于发挥出个人潜在的能力。

反过来还有一种方法，就是不去在意别人的评价。如果过分在意别人的评价，人就会感到不安，而不安会逐渐转变成紧张。

我们也可以这样来战胜自己的不安，心中要想“失败了也没什么大不了的，又不会出人命”“其实，别人也不一定会注意到我”等。这样来想，就能让人紧绷的神经放松下来，在努力的过程中也会变得游刃有余，不再害怕失败了。

1

2

3

4

5

6

预防紧张的饮食

通过调整饮食，也能起到“预防紧张”的效果。能够刺激血清素分泌的话，就可以抑制紧张情绪。合成血清素必需的原料中有一种名叫“色氨酸”的氨基酸和维生素 B_6。金枪鱼生鱼片、松鱼、牛肉、猪肉、动物肝脏中都富含上述营养物质。

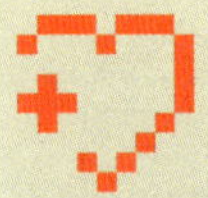

关键时刻总是紧张的人（2）

~深呼吸法与事前准备的必要性~

当人感到紧张不安或恐惧时，人体会分泌一种神经传导物质——“去甲肾上腺素”。这种物质可以使交感神经活跃起来，使人进入兴奋状态，并伴有血压升高、心脏“扑通扑通”直跳等表现。而且，“扑通扑通”的心跳声，还能进一步增强人的紧张感。

此时，进行深呼吸（腹式呼吸）可以有效缓解紧张的情绪。做腹式深呼吸时，胸部保持不动，在腹部膨胀的同时，吸气；在腹部收缩时，呼气。如此有节奏地深呼吸，就可以激发血清素神经的活力，进而抑制去甲肾上腺素的分泌，缓解紧张的状态，使人放松下来。血清素神经合成的血清素具有使人精神安定的效果。

再有，深呼吸还有助于我们静下心来体会当时的气氛，找到消除紧张情绪的转折点。由此可见，深呼吸这个方法虽然很简单，但作用确实很大。此外，当您深感紧张时，还可以咳嗽几声。咳嗽本身就是一种腹式呼吸，所以，咳嗽几声，便可以让身体自然放松一些。

人之所以会紧张，还有一个重要的原因，那就是“事先准备不足”。准备在众人面前演讲时，事先进行“排练”和“预演”是必不可少的。如果在较大的礼堂中举行演讲，那最好事先到礼堂进行“踩点”，熟悉环境，同时想象一下自己演讲成功时的情景。

演讲稿、麦克风、电脑、投影仪等演讲中可能使用到的资料或设备，都应该事先检查好。如果这些细枝末节的地方出现了问题，会给人造成不必要的紧张感。

如果是对话式的采访，我们应该事先调查对方的背景资料。掌握其背景资料后，我们就不容易紧张了。因为人对陌生的人或事物常会怀有不安感，我们应该尽量消除这种不安感。

1

2

3

4

5

6

去甲肾上腺素

去甲肾上腺素是一种神经传导物质，当人处于不安或紧张状态时，人体就会分泌出这种物质。结果，去甲肾上腺素刺激了交感神经，使之活跃起来，造成心跳加快、血压升高。此外，去甲肾上腺素还有提高肌肉活动速度的功能。当我们遇到敌人时，体内会分泌出这种物质来保护自己。如果去甲肾上腺素分泌不足的话，人就会显得没精神、没力气。

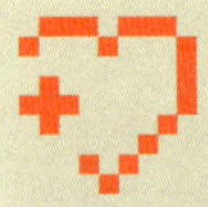

活得更像自己的八种方法

~1. 站在对方的立场上思考问题~

您对自己的了解有多少？有时，自认为是缺点的某种性格，也蕴藏着可以转变成优点的可能性，这一点您知道吗？

如何才能活得更像自己、更有个性呢？

也许有的朋友会认为，所谓“活得更像自己”，就是不被别人所左右。自己认为正确的就表达出来，想说什么就说什么，喜欢做什么就做什么。

我想说，答案恰恰相反。

如果不考虑别人的感受，随心所欲的话，那就不是“个性”，而是“任性”。

当我们想表达什么的时候，只有有愿意听的人存在，交流才算成立。对方是怎么想的？他有什么感受？如果都不考虑这些，只说自己想说的，结果多会招致对方的反感，而很少会引起别人的共鸣。因此，“活得更像自己”的原点不是只考虑自己，而是注重自己感受的同时，也尊重别人的感受。

这并不是“只会说漂亮话”的精神论。科学证实，不会站在别人立场上思考问题的人，脑内的血清素神经的活力也比较差。而如果血清素神经活力不佳的话，多巴胺神经和去甲肾上腺素神经就容易失控，结果使人变得烦躁易怒，或者对某些事物容易产生依赖性。

想要展现出自己的个性的话，血清素神经处于活跃状态、内心处于安定状态是必不可少的条件。只有尊重别人感受的人，才会更加在乎自己的想法。

最重视朋友关系的日本人

日本的年轻人，最感充实的时候是和朋友在一起时（占 72.5%，日本内阁府调查）。而且，这个比例比其他国家都要高。此外，有一项以学生为对象的调查显示，学生最想成为的人是“受班里全体同学喜欢的人”。日本的年轻人对朋友的重视程度甚至比家人还要高。

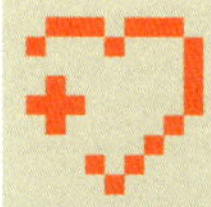

活得更像自己的八种方法

~2. 不要再推卸责任 ~

在内心里，人都不愿意承担责任。

当受到上司或老师批评时，很多人都会把责任推卸到别人身上，以寻求逃避或解脱。也有的人会把责任归咎于环境。这种心理倾向每个人都有，只是程度不同。如果过于严重的话，人就会用说谎的方式来保护自己（请参见本书第 16 页和第 86 页）。

然而，这样做绝对不利于人的成长。经常把责任推卸到别人身上的话，慢慢地就会形成一种“癖”。这种“癖”会渗透到潜意识之中，以一种“自我厌恶”的形式积累起来。而在显意识中，又已经形成了遇到责任就推卸到别人身上的思维方式。于是，采取这种行动也就成了理所当然的事情。久而久之，便形成了一个违反自己心意、和原本的自己完全不同的自己。

此外，把责任推卸到别人身上，就等于放弃了改善自己的努力。每个人都会犯错，我们应该承认自己的错误。之后，为了不犯同样的错误而努力改造自己的思想、言行，人就会获得成长和进步。

当自己犯了错误受到批评时，任何人都想为自己进行辩解。而因为犯错受到批评时，不但不去辩解，还直接承认自己的错误，这个反应就和一般人不同。由此可见，犯错时不再推卸责任，就可以体现出自己与众不同的个性来。

不过，当人突然因犯错受到批评时，难免会在不经意间为自己辩解。这也是没有办法的事情，因为每个人都具有这种自我防卫的本能。所以，也不要对自己太过苛责，下次有机会再努力做好就可以了。

当然，如果自己真的没有过错的话，还是要坚决主张自己的正确性。

1 人对于自己所犯的错误，都有一种逃避的心理。

不是我的错。

2 可是，如果把责任推卸到别人身上的话……

是他！

为什么总是我……

3 就等于放弃了自己获得成长进步的机会。

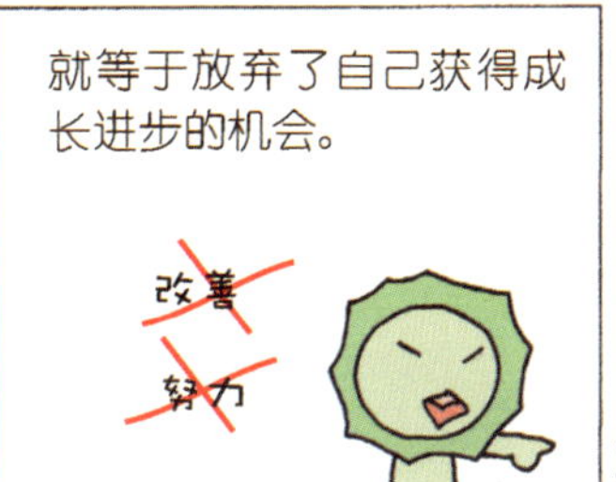

4 承认自己的错误，努力改善自己，人就可以取得长足的进步。

是这样的！

5 日本经济不景气都是我的原因！

6 嗯？

归属的理论

当发生问题时，人具有一种向特定方向寻求原因的倾向。“外在归属型”的人会从他人或者环境中寻找问题的原因。他们总是给自己找借口，把责任转嫁给别人，并且认为自己丝毫没有错。而“内在归属型”的人总是在自己身上寻找问题的原因，这类人容易苛责自己。

活得更像自己的八种方法
~3. 培养自己往好处看的视角 ~

不知您有没有这样的感觉：别人身上不好的一面总是非常显眼。那是因为看穿别人身上不好的一面，也是一种自我防卫。如果事先能够把握对方不好的一面，就可以最大限度地防止自己受其所害。在普通的交往中，我们不容易看到别人身上的优点。而不容易看到别人的优点，就不容易对其产生好感，这样一来就会使交往中产生很多精神压力。

所以，我希望大家都具有多视角看待人和事物的能力。一个人身上，至少具有一两个与众不同的优点。因此，面对每一个人，我们都应该怀着善意去寻找对方身上的优点。比如，对于一件事喜欢喋喋不休进行说明的人，从某个角度看，他们具有认真、仔细的性格。以这样的视角去看待别人的话，对人的看法也会发生改变。

对别人怀有好意时，我们的大脑内会发生有趣的变化。英国某大学的研究人员使用能够将脑内活动的部分影像化的仪器对人脑进行了研究，结果发现，当人喜欢对方时，大脑内的某个部分就会受到压抑，它的活动会变得沉稳下来。

这个部分就是头脑中对别人产生负面感情的部分。由此可见，当我们喜欢一个人时，就不容易看到他身上的缺点了。在销售人员培训时，我们经常能听到这样一句话："请喜欢上你的顾客！"因为喜欢上一个人后，就会对对方产生兴趣，于是便可以找到取悦对方的突破口，也会忽略对方身上的缺点，从而与之建立良好的关系。

而且，看到别人身上的优点，还有一个好处，那就是我们可以学习、吸收这些优点，让自己变得更加强大。此外，多吸收别人的长处，还有启发作用，启发我们发展自己的个性。

1

培养自己对人对事都往好处看的视角。

2

任何人身上都有优点。

强壮

绝不动摇的心

3

找到别人身上的优点，并学习、吸收这些优点……

有时会有点儿勉强……

4

5

生活态度很彪悍。

6

可惜！他已经死了……

观察方法

在观察一个人时，可以笼统地观察，也可以先设置着眼点再去观察。笼统地看，看的部分太多，发现的优点太多，容易让我们感觉混乱。如果先设置着眼点再去观察的话，就能更加客观地看待对方。所谓着眼点，比如“他对上司（或部下）的态度”“遭遇失败时的反应”等。

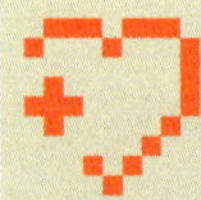

活得更像自己的八种方法

~4. 拥有一技之长~

您有没有比任何人做得都出色的“一技之长”呢？如果没有这种能够博得别人赞赏的“武器”，那就赶快去学一样吧！

说到一技之长，没有必要非是非常高端的、高难度的东西。可以是与工作相关的知识，也可以是业余爱好，哪怕是身边触手可及的事物也好，例如“说话方式”“泡红茶的方法”等。只要在自己心中，认为这是“自己比别人都做得出色的一技之长”就好，至于具体是什么并不重要。

对于自己喜欢的事物（或工作），通过努力掌握并达到了相当高的境界，真真切切地感受到这种成就感和自信是最重要的。这样一来，这种感受就会以自信、自我赞美的形式存储到潜意识中。而自信，是我们去挑战各种新事物的精神支持。

人对自己的评价提高了，便会觉得自己是一个有价值的存在，从而“自尊感情”也会得到提升，也不再容易受到别人评价的左右了。比别人做得出色的事情不必多，只要有一技之长，人便可以挺起胸膛、充满自信地生活了。这也就是活出了自我、活出了个性。请您环顾一下四周的人您就会发现，那些拥有一技之长，活出自我、活出个性的人，个个都是充满自信、神采飞扬的。

而活得没有个性的人，做事不会努力做到底。一开始，他们就会想“我不行啊”，然后开始找借口逃避，所找的借口很简单，比如“太麻烦”或“太难，我不可能做好”等。可以说，他们安于简单的日常生活，不愿去尝试和挑战新事物。

要想得到有价值的东西，就必须克服一定的困难。我们不能安于现状，而要敢于挑战。有了“我想学习这个”这样的想法，就是一个好的开始，然后一心一意去努力挑战就是了。

与“干劲”相关的脑机能

“我也知道有一技之长很好，可就是没有干劲去学一样。”这种只想不做的人，不仅缺乏干劲，头脑也处于呆滞的状态。时间长了，甚至连身体的活动能力也会受到影响。奉劝这样的朋友多出去走走或者在家里做大扫除等简单的工作。这样可以促进脑部的血液循环，让大脑重新活跃起来。

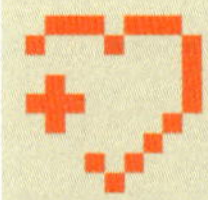

活得更像自己的八种方法
~5. 语言的使用方法 ~

对于“语言的表现力”，我想很多人都存在误解。

在人与人的交流中，语言具有非常重要的作用，是自我表现的重要手段。尽管如此，语言并不能将我们心中所想完全表达出来。可是，很多人不了解或者说忘记了这一点，对别人说的话会做出过度的反应。实际上，对方所说的话并不一定代表他的真心。

本来，除了语言交流之外，人还会根据非语言交流来判断人和事物。比如，表情、动作等都是我们判断别人内心活动的依据，而这些就属于非语言交流的形式。

然而，现代人根据非语言交流读取别人内心的能力越来越差。结果，就容易过度依赖于语言交流，认为语言代表了一切，也容易受到别人语言的左右。比如，有的人听到别人说不喜欢自己，内心就会受到伤害，甚至当场勃然大怒。其实，完全没有必要。建议先把对方的话听完，然后分析他内心的真实想法，因为人经常是口是心非的。

“语言可以有效地表达自己的内心所想，但是，有时却不能完全准确地进行自我表达。”理解了这一点，就好好地“对待”语言吧。我们要善于利用语言，而不要强求语言的表现力。反过来说，容易受语言左右的人很多，所以，我们在使用语言时，也必须慎重。

语言，并不能完全准确地表达人的内心所想。语言可以说是一种暧昧的存在，人容易受语言的影响、受语言的“伤”。有时，语言甚至可以害人性命，这一点我们一定要牢记。所以，我们必须要提高自己驾驭语言的能力。

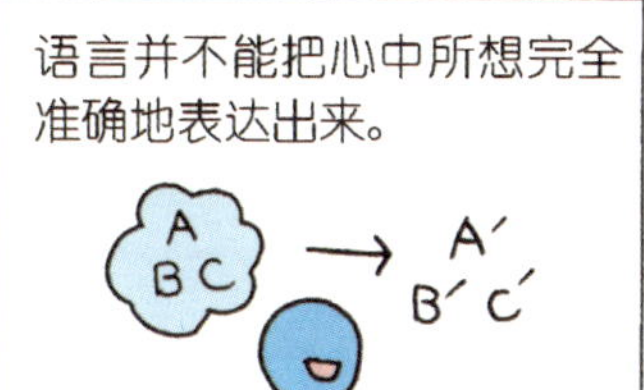

语言的优先度

我们的显意识受语言的影响非常强，而潜意识则会根据语言之外的各种信息判断人和事物。比如，与人初次见面时，我们会优先于语言，无意识地根据对方的“气质、外表”“表情、视线”“说话方式”“姿势”等非语言因素来判断对方，在自己头脑中形成印象。

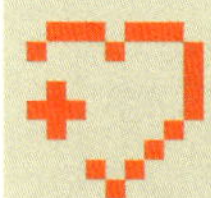

活得更像自己的八种方法

~6. 拥有当事人意识；7. 不和别人做比较~

6. 拥有当事人意识

想要活出自我、活出个性，拥有“当事人意识”非常重要。在职场、家庭、商店中看到别人发生纠纷时，对于上司、家人、店员的行为我们不能只是冷眼旁观，而是要设身处地想：“如果事情发生在我身上，我会怎么处理？”总是事不关己高高挂起的人，看到别人发生纠纷时，会幸灾乐祸地想：“没发生在我身上真是太好啦！”可是，一旦自己与别人发生类似的纠纷，他们就会不知所措，甚至陷入恐慌。而平日里经常思考各种状况对策的人，遇到事情时就不会慌乱，能够从容地处理纠纷，控制住局面。

当看到别人巧妙地处理好纠纷时，不能只是赞叹地说一句“太棒了”“了不起”，而是要做个“有心人”，学习别人的处理方法。一个人亲身经历的事情是有限的，所以我们应该认真观察别人的处理方法，把它当作自己的经验保存起来。

7. 不和别人做比较

人会在无意识之间与别人进行比较。比较的一个好处，就是让人成长。

所以，很多父母都会教育自己的孩子在学习、运动等方面都要和别人竞争。确实，适当的竞争能够促进孩子学业的进步、身体的发育、运动能力的提高。而通过竞争获得的能力，能够让人变得自信起来，从而进一步成长、成熟起来。

但是，与别人竞争很多时候都与孩子自己的意志无关，而是父母、老师等强加给自己的。不管喜不喜欢，都要与别人争个高下，这就会造成真实感情被压抑。很多孩子都是在扮演好孩子的角色，而这样下去，是找不到“自我”和“个性”的。

当然，在残酷的现实社会中，也许不和别人竞争很难生存下去。但是，我们时刻不能忘记要保有“不和别人做比较”“做比较也不动摇”的价值观。

别人经历的事情，

1

如果发生在自己身上，我们会怎么处理？

2

通过这种“当事人意识”，来磨炼自己。

3

所以，“当事人意识”是非常重要的。

4

5

6

电影效应

看电影或电视剧时，不能只是单纯地观看，要把自己的感情也融入进去，从而磨炼善解人意的能力，提高自己的表达能力。对此，“能把人感动哭”的电影或电视剧更有效。而且，哭的同时还能释放精神压力。所以，我建议大家多看些能把自己感动到哭的影视作品。

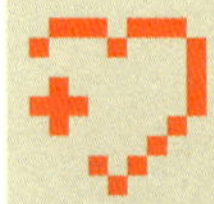

活得更像自己的八种方法

~8. 每天睡前，对自己今天的行为进行评价~

我们要养成每天上床睡觉前都对自己当天的行为进行评价的习惯。回顾一下这一天当中自己学到的知识或取得的进步，如果有犯错的地方，则进行反省并思考改善的方法。

对于每天发生的事情，不要单纯地只把它们当做经验发送到潜意识中去。通过显意识对自己的行为进行评价，能够让得到的经验更加牢固地成为我们的财富。

举例来说，假设您以前不善于语言表达，而今天“准确地向别人介绍了一件事”，那就得及时表扬自己。而且，睡前还要重温一下当时成功的情景，把自己的成功经验保存起来。别人对自己有较高的评价，自信也会得到提升，对人对事时也会变得更加积极、充满自信，而且最后一定能获得好的结果。这就是潜意识的力量。

我们不可能总是成功，肯定也会失败。这时，我们不要过分苛责自己，思考改善的方案更为重要。对于成功的经验，我们应该反复回忆、想象，而对于失败的教训，应该思考建设性的改善方案。即使思考的结果无法加以实施也没关系，重要的是一种想要改善的意愿。只要关注了自己的行为，改变的机会就会不期而至。

如果发现今天没什么特别值得反思的事情，那就制定一个目标，让明天有事可做。如果每天睡前回顾一天所发生的事情时，都感觉没什么值得回忆的，那就是个问题了。我们不能每天都过得无所事事、浑浑噩噩。其实，并不需要多大的目标，哪怕只是和人约见面，我们也要做好准备从对方那里偷学一两个优点。

每天晚上，反思过后，再列出明天应该做的事情的清单，就可以安心睡觉了。

1

2

3

4

5

6

自爱与自恋的区别

对自己的肯定、赞扬积累多了，就会形成自信，使人喜欢自己。这种自爱与我们常说的自恋、自我陶醉看起来相似，实质却不一样。一般来说，自恋是一种寻求别人关注的行为，可以认为是保护自尊心的一种防卫机制。

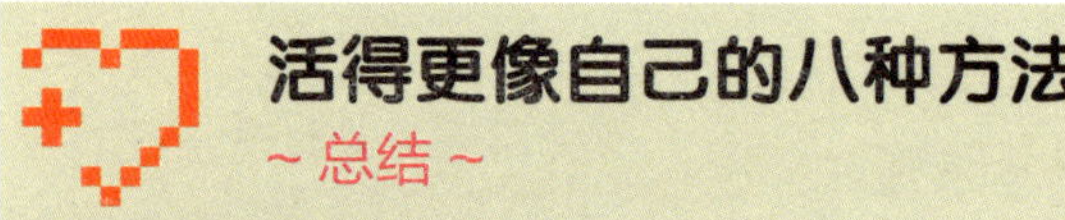

活得更像自己的八种方法
～总结～

最后，对活得更像自己的八种方法进行总结。

1. 站在对方的立场上思考问题
2. 不要再推卸责任
3. 培养自己往好处看的视角
4. 拥有一技之长
5. 语言的使用方法
6. 拥有当事人意识
7. 不和别人做比较
8. 每天睡前，对自己今天的行为进行评价

要想活得更像自己，除了要发掘、制造“个性”之外，表现方式也很重要。

如果说“个性”是“本质”的话，那么表现就是“手段”。如果能将“本质”和“手段”有机结合起来的话，效果将成倍增加。

◎挖掘个性

“2. 不要再推卸责任”，自己所犯的错误，就要敢于承担，这样就不会再犯同样的错误。通过改正错误，努力改善自身的问题，人可以获得实实在在的成长。如果改变不了推卸责任的习惯，那只能塑造出一个不真实的自己。

另外，**“3. 培养自己往好处看的视角”，**可以看到别人身上的优点和长处。看到了别人的优点和长处，就要去学习，让它们成为自己的优点、长处。

“4. 拥有一技之长”，可以让我们获得极大的自信。有一件事您做得比别人好，除了让您拥有自信之外，还能提高您对自己的评价，更喜欢自己，这便是一种个性。此外，挑战各种新事物、学习各种新知识，对人生来说也是非常重要的事情。因为，如果从中找到自己适合做的事情，就能做到最好，

并让其成为你的一技之长。即使不是这样，这也是一种不错的经历。只有积累了丰富的经验，人才能变得成熟。

"6. 拥有当事人意识"，可以学习别人的经验，节省亲自去体验的时间和成本。"如果换成我，我会怎么做？"这样的思维方式可以帮我们获得具有自己风格的处事方式，可以帮助我们成功地摆脱困境。

"8. 每天睡前，对自己今天的行为进行评价"，对于成功的事，要及时表扬、赞美自己。对自己的评价提高了，人就会变得积极向上和充满自信，也容易获得好的结果。

◎展现自己的个性

"1. 站在对方的立场上思考问题"时，人的血清素神经会活跃起来，随之内心会安定下来，从而减少不必要的愤怒和忧虑。人在安定的状态下，自然就能很好地展现出自我、展现出自己的个性。

"5. 语言的使用方法"也要注意。语言，并不能把我们心中所想的所有事情都如实地表达出来。与此同时，语言又具有极大的影响力。因此，我们要掌握透过语言看出真心的本领，同时也要注意自己的语言，不给别人造成误导。

"7. 不和别人做比较"也非常重要。很多人会在不经意间与别人进行比较，从而确认自己的价值。但是，我们必须具有强大的价值观，不能因为比较，内心就产生动摇。将这种价值观表现出来，也是一种个性。

第四章

邂逅的心理学

人与人初次见面时，会产生什么样的心理活动呢？为什么成年人也会“认生”？在这一章中，我将为朋友们解说人与人相遇时出现的心理活动，以及给人留下好印象的技巧。

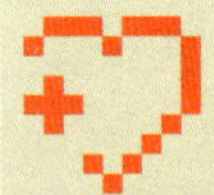

人为什么要交朋友？

~ 亲和欲求 / 想和他人在一起的欲求 ~

人是一种社会性的动物，孤身一人是难以生存的。人都希望自己与他人发生联系，希望有同伴和朋友。

那么，人到底为什么要交朋友呢？

身处一个由同伴、朋友形成的集团中，人会得到很多好处。而且，在这个集团当中，更容易找到“终生伴侣”。这对女性来说，会使生孩子和养育后代变得容易很多。总之，与孤身一人相比，在集团中生活好处多多。

然而，我们并不是因为有好处才去交朋友的。人类具有一种叫作“亲和欲求”的基本需求，就是想和别人在一起的欲求。

这种亲和欲求，存在较大的个人差异。有的人时时都想有人陪伴，也有的人大部分时间都独来独往。一般来说，女性比男性的亲和欲求强，长子（或长女）比其他兄弟姐妹的亲和欲求强，这是心理学家通过研究发现的结果。

拿日本人来说，与家人相比，他们更倾向于从朋友那里得到亲和欲求的满足感。2004 年，日本内阁府曾进行过一个名为“世界青年意识调查”的调查活动。调查结果显示，日本青年认为最有充实感的时刻是“与朋友在一起时”，占到了 72.2%。而美国青年中认为“和家人在一起时”最有充实感的人占到了 74.1%。

此外，在 2009 年的调查中，有一个问题是“你认为上学的意义是什么”，结果有 65.7% 的日本青年选择的是“培养友情”。选择这一答案的比例在接受调查的所有国家中排在第一位。其他国家的青年则大多认为“上学的意义”在于“取得学历或资格认证”“掌握基础知识”等。由此可见，日本人更渴望结交朋友，并把友情作为重要的精神支柱。

希望和别人在一起的欲望叫作“亲和欲求”。

1

对于日本人来说，与家人相比，他们更倾向于从朋友那得到亲和欲求的满足感。

2

3

4

5

6

亲和欲求是一种想和别人在一起的心理。一般来说，女性比男性的亲和欲求强。当感到不安或焦虑时，人的亲和欲求会比平时强。购买贵重商品或者前往一个陌生的地方时，人总希望有人能陪自己，这就是亲和欲求增强的表现。

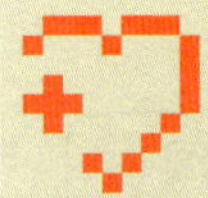

第一印象非常重要

~ 开头效应 / 最初的印象决定整体印象 ~

为了满足亲和欲求，人会结交朋友。从陌生人变成朋友，都要经历第一次见面。而第一次见面给对方的感觉就是“第一印象”，这个印象具有十分重要的意义。

两个人初次见面的一瞬间（1~6 秒钟），就决定了对方留给你的是什么“印象”，而且第一印象会在头脑中保留很长时间。这种现象在心理学上被称为“开头效应”，脑科学也把这种现象作为“人类的认知倾向”进行过研究。

初次看到的东西或听到的事物对人的影响非常大，而且很容易留存在记忆中。然而，大多数日本人在与陌生人初次会面时，都不善于表现自己，不懂得如何给对方留下良好的印象。不过，也正因为如此，只要好好策划好自己的第一印象，就更容易从众人中脱颖而出，给对方留下良好而深刻的印象。

还有很多人不清楚自己究竟给对方留下了什么样的印象。比如，有一些政治家在民众的眼里是一个“非常不诚实的人”，可他本人却对自己的诚实坚信不疑。这并不是一个极端的例子，而是普遍存在的。有时，即使人能够冷静、客观地评价他人，却不一定能客观地评价自己。印象并不是由自己决定的，而是取决于对方。那么，我们该如何提升自己在别人眼中的形象呢？

实际上，印象形成的原理非常复杂，而且存在很大的个人差异。印象是对一个人的发型、体形、姿势、说话方式、语气语调、表情等的综合评价。不仅如此，自己的形象究竟会对对方造成多大的影响，还会受到对方经验、记忆的左右。可以说，要想对自己的印象进行完全操控，是不太可能的。不过，我们可以在一定程度上控制别人对自己的印象。

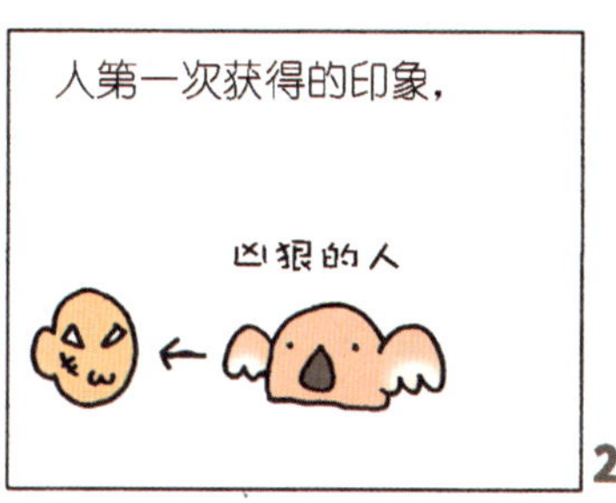

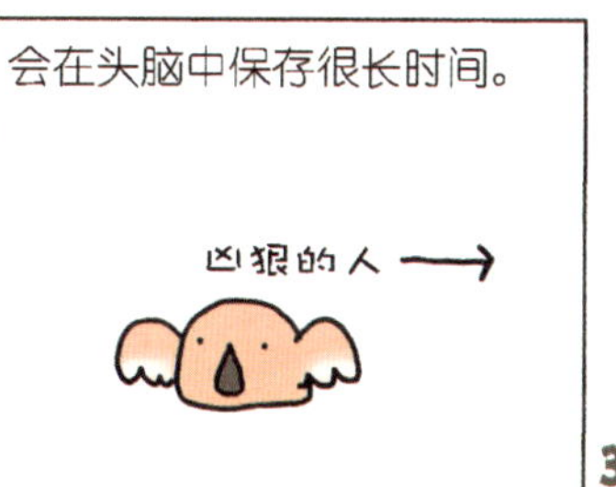

开头效应

最初获得的信息将决定我们对他人的整体印象，这种心理效应就叫作“开头效应”，对此心理学家曾进行过一项实验。实验时，向实验者描述一个人的多种特征，但面对不同的实验者，描述的顺序会不同，不过总体提供的信息内容是没有差别的。结果，不同的实验者对这个人产生的印象大相径庭，这就证明最初的信息在很大程度上左右着印象的形成。

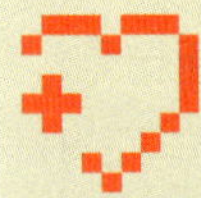

印象是可以操控的

~ 自我展示 / 给人制造一个良好的印象 ~

一般来说，我们自身的很多因素都会影响到给别人留下的印象，但是各种因素对印象的影响程度有轻有重。如果按照重要程度给这些因素排序的话，那么依次应该为“气质、外表”“表情、视线”“声音、说话方式”“动作、姿势”以及“说话的内容”。

很多人都在谈话的内容上苦下功夫，希望自己讲的话有分量、能打动人。殊不知，在很多情况下，与讲话的内容相比，说话方式、表情等因素更能影响自己留给他人的印象。因此，有意识地操控自己的形象，争取给别人留下好印象更为重要。

有意识地控制自己的印象，即给人制造好印象，叫作“自我展示”。自我展示分为“战术性自我展示”和“战略性自我展示”两种。战术性自我展示，是在短时间内给别人制造印象的自我展示，包括“自我宣传”“奉承”“威慑”等。“威慑”是展示自己的力量，给他人造成恐惧感，以防他人背叛自己的一种自我展示（印象操控）。

另一方面，战略性自我展示，是为了建立“威信”“尊敬”“信任”等而长时间进行的印象控制。对于战略性自我展示来说，首先要确立一个目标，例如“要让别人认为我是这样的人（或者说我想成为这样的人）”，然后再朝着目标去提升自己。自我展示并不是“自我伪装”那样具有欺骗性的手段，而是向他人和自己展示出一种“我应该是这样”的姿态。

大学生毕业后求职时，每次面试都会穿上崭新、笔挺的西装，把皮鞋擦得锃亮，还会剪一个清爽精神的发型，这些都是为求职而进行的自我展示。参加相亲派对的人，都会事先精心打扮一番，这是为了寻找恋爱对象而进行的自我展示。

从下一小节起，我就为您介绍几个给人留下好印象的技巧。

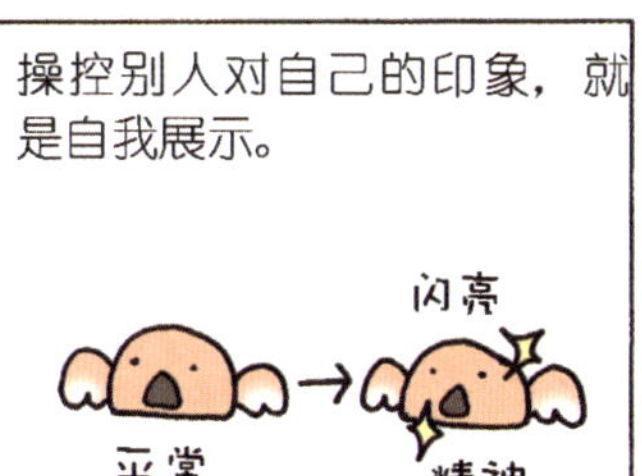

自我展示

自我展示，就是展示自己的形象，操控别人对自己的印象。有的场合需要装哭扮可怜，而有的场合可能需要强硬起来，从而展现自己的力量。自我展示有根据具体情况进行的临时展示，叫作“战术性自我展示”，也有长时间塑造自己形象的“战略性自我展示”。

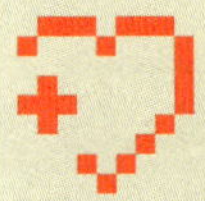

好印象从气质、外表产生

~ 光环效应 / 外表漂亮好处多 ~

对方到底会对我们产生怎样的印象，对方自身的经验和记忆是一个很大的影响因素。因此，我们不可能给所有人都留下完全一样的印象，通俗地讲，一百个人会对我们产生一百种印象。不过，有些方法可以帮我们给大多数人留下好印象。下面就一一为您介绍这些方法。

第一印象是在一瞬间形成的，而这一瞬间的印象主要包括气质、外表等外在因素，比如长相、体形、服装、发型、整洁程度等。

根据脑科学的研究成果，我们的大脑对人脸特别感兴趣。所以，要想给别人制造好印象，还是先从自己的脸“下手”吧。不过，脸部很难做大的改变，女性倒是可以通过化妆让脸看起来更漂亮，可男性的办法就很少了。毕竟脸上的五官都是天生的，美与丑也不是自己说了算的，而且又无法遮挡。也许，这正是整容非常流行的原因吧。另外，不管男女，发型一定要适合自己。好的发型，可以让人显得年轻，而且神采奕奕。接下来，就是衣服了，这可是相当考验品位的。有心的朋友应该多多学习，培养自己的时尚感。还有一个容易被人忽略的盲点，那就是小饰品，如胸针等。不过，装饰品和首饰千万不能戴多了，否则过犹不及。一身“行头”准备停当之后，就该考虑姿势了。端庄、有气质的姿势，能给人一种安心感、稳定感和信任感，而且整个人看起来会很健康。

不管怎么说，大多数人会在见面的一瞬间通过外表判断对方，即所谓的“以貌取人”。而且，如果对方外表漂亮的话，我们就会先入为主地认为他内心以及其他方面都很好。这种现象在心理学上称为“光环效应”。

比如，很多干坏事的人都会先“包装”自己，西装革履，手提公文包。要知道，“光环效应”的作用是非常强大的，很多人都会对这样外表的人产生信任感，以致被骗后都浑然不知。了解了“光环效应”之后，不但可以防止自己上当受骗，还能帮我们制造出好印象，从而建立良好的人际关系。

1

看到外表光鲜又有一定权势的人，

2

我们就会误认为这个人的内心以及其他方面都很了不起。

3

这就是所谓的“光环效应”。

4

选举的时候，候选人都会精心挑选服装，以期让选民认可自己的内心（诚实）。

5

而很多人正是利用了这种心理效应为自己干坏事做伪装。

6

所以，我们一定不要被人的外表所迷惑！

光环效应

所谓“光环效应”，就是如果人身上有优点的话，我们就会误认为这个人的其他方面也很优秀。曾有心理学家进行过这样的实验，在美国的大学中，他向教授展示女学生的照片，问教授哪个学生更有魅力。结果，教授对于有魅力的女学生，考试的评分标准也会有所偏向。

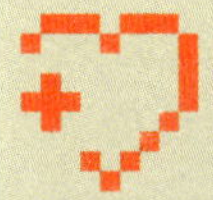

衣服的颜色很重要

~ 色彩心理学 / 正确运用颜色可以提升印象 ~

在人外表的组成因素中，衣服的种类以及穿着是否得体非常重要。服装可以充分展现出一个人的品位和性格。其中，衣服的颜色对于给人制造好印象起着至关重要的作用。不管穿衣服的人具有怎样的意图，对方都会根据衣服的颜色对其形成印象。

研究“颜色能给人造成怎样的心理影响”的学问，叫作“色彩心理学”，它也是心理学的一个门类。学习色彩心理学，了解各种颜色能够传达的信息，并加以熟练操控的话，就可以让颜色成为人际交往的“利器”。那么，在什么样的场合穿什么颜色的衣服合适呢？下面，就为您简要介绍一下几种主要颜色传递出的信息。不过要注意，有些颜色会受到其他颜色的影响，它们单独存在时具有某种心理效应，但当有其他颜色影响时，则可能造成完全相反的心理效应。

衣服的颜色传递的信息以及给对方带来的心理效应

橙色衣服

【传递的信息】

- 快乐
- 轻松交往
- 有目标和目的

橙色是令人快乐、激发食欲的颜色。想和别人一起愉快出游时，如果穿着橙色的衣服，可以让对方也变得愉悦起来。另外，穿橙色的衣服还能让别人感觉到我们是很容易亲近的。

粉红色衣服

【传递的信息】

- 温柔
- 寻求保护
- 幸福

粉红色的衣服可以激发对方的保护欲。当女性想展现自己温柔的一面或者寻求男性保护时，适合穿着粉红色衣服。

红色衣服

【传递的信息】

- 我很有活力
- 请注意我！
- 想引人注意

红色是容易给人留下深刻印象的颜色，想受人关注或想给对方留下深刻印象的时候，适合穿着红色的衣服。红色还能给人留下充满活力的印象。

蓝色衣服

【传递的信息】

- 请放心！
- 可靠的
- 解决问题

穿着深蓝色（藏青色）的衣服可以给人一种诚实、可靠而且理性的印象。明快的浅蓝色则可以突出自己的创造性。

绿色衣服

【传递的信息】

- 和平
- 有平衡感
- 让我们成为好朋友吧！

绿色是一种和谐的颜色。如果想和对方进一步加深感情，穿绿色衣服是非常有效的。不过，有些人的肤色会在绿色衣服的映衬下显得很难看，所以首先要看是否适合自己，另外还要选择合适的色调。

黄色衣服

【传递的信息】

- 快乐地做点儿什么
- 喜欢新鲜事物
- 我们聊聊天吧！

想和对方交往时，穿黄色衣服很合适。如果对方是喜欢新鲜事物的人，他们也会喜欢我们穿黄色衣服。

白色衣服

【传递的信息】

- 真诚相待
- 我听你说话
- 我很直率而且纯洁

穿着白色能体现出自己的真诚和诚实，并给对方一种愿意配合的印象。不过，白色衣服的缺点是容易给人一种冷冰冰的感觉。

黑色衣服

【传递的信息】

- 请听我说话！
- 我没有错误
- 想逃避、自我保护

黑色衣服使我们不容易受外界的影响，黑色也是一种自我保护的颜色。此外，黑色容易给对方造成影响，当想命令别人做事情时，适合穿着黑色衣服。

紫色衣服

【传递的信息】

- 我与他人不同
- 凭直觉行动
- 我有魅力吗？

想凭直觉向对方表达某种意思时，适合穿着紫色衣服。另外，紫色衣服还能突显自己的与众不同。

色彩心理学研究的是颜色给人心理造成的影响，以及如何运用颜色解决各种各样的心理问题。例如，使用某些颜色可以抑制犯罪，使用某些颜色可以预防交通事故等。另外，企业为了提升自身形象，在商品战略和形象战略中，也经常会使用颜色这个武器。

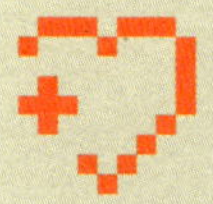

西装与领带的关系

~ 西装与领带的搭配，制造不同的印象 ~

前一小节中，给大家介绍了衣服颜色给别人造成的心理效应。利用这些心理效应，能帮我们在别人心中留下好印象，或者有意地操控自己的形象。不过，并不是所有人都能自由地选择服装的颜色。比如男性公司职员，上班时要穿西装、打领带。对于男性职场人士来说，正装的颜色非常受局限，无非是黑色、灰色、藏青色等几种。恐怕您没见过有人穿黄色或绿色西装上班的吧。在这种制约之下，很多男性朋友认为所谓改变形象就是轮流换穿那几种颜色的西装而已。实际上，他们忽视了一个重要的配饰，那就是领带。不同颜色的领带和西装搭配起来，能让人的形象产生 180 度的大转变。

在欧美国家，善于搭配西装、领带还有衬衫颜色的男士随处可见，他们熟练地运用色彩上的搭配从战略角度操控自己的形象。其中，非常著名的要数美国的总统和议员等政治家了。在他们身边，都有专业的形象设计师为其服务，这些形象设计师会根据演讲的内容帮政治家选择合适的西装与领带的配色方案。这便是将战术性自我展示和战略性自我展示发挥到极致的一个例子。

对于日本男性来说，工作时间穿西装是一个顺应众人的选择，因为大家都穿颜色差不多的西装，所以自己也穿就不会引起争议。日本人并不善于像西方人那样会通过服装来展现个性。因此，日本人在时尚的道路上还有很多东西要学习。

要想给人留下好印象，面部表情和动作是非常重要的，但需要经过一定时间的训练才能很好地控制自己的表情和动作。西装和领带的颜色搭配则是非常简单的，即学即用。

红色是活力的象征，深蓝色给人沉稳的印象，黑色具有力量和说服力……对于上述单一颜色传递出的信息，大家一般都能理解。但是，加上领带的颜色之后，就变成了两种颜色的搭配组合，这样一来到底会搭配出怎样的效果就是不少人难以把握的了。如果再穿上有颜色的衬衫，那么就变成了三种颜色的搭配组合，最终效果更难把握。

下面，就为大家介绍几种具有代表性的西装、领带的颜色搭配。我只起到抛砖引玉的作用，希望这些例子能够丰富朋友们的色彩感觉，然后凭借自己审美确立最适合自己的穿衣风格，形成自己的穿衣品味。

西装与领带的搭配所传递的信息以及给别人带来的心理效应

藏青色西装能够给人诚实、理性的印象。而且，藏青色也是最为普通和常见的一种男士西装颜色，所以穿着起来比较稳妥，外表上不会出什么大问题。但也正因为如此，藏青色西装容易把人埋没在人群当中，不太显眼。此时，领带就成了突出个性的武器。如果搭配上比较浅（淡）的黄色领带，能够给人积极、明快的印象。如果搭配上橙色的领带，则显得有活力和容易接近。浅蓝色领带与藏青色西装属于同色系，可以制造出沉着冷静的印象，还能让对方也冷静下来，因此特别适合专门处理顾客投诉的职员穿着。

灰色西装也是不会出问题的颜色，穿起来比较潇洒、利落。然而，搭配不同颜色的领带之后，给人的印象就不一样了。搭配上粉色的领带，使人看起来温柔、优雅。这样的搭配可以让职位较高的人看起来和蔼可亲，而刚入公司的新人如果这样搭配的话，容易讨得上司的喜爱。灰色西装搭配上浅绿色的领带，则使整体颜色非常协调，适合协调团队关系。灰色西装也可以搭配灰色的领带，但灰色领带最好带有花纹，合适的花纹可以使人显得很潇洒。而且，同为灰色系的西装和领带，是一种弱化个人主张的搭配，如果开会时不想发言，可以采用这种搭配方式。

黑色的西装比较稳重，而且具有突出其他颜色的效果。例如，鲜艳的红色领带是热情和意志强大的象征，配上黑色西装的话，这种效果会更加突出。如果您留心观察的话就会发现，当美国总统在发表演说时，如果想强调他的热情，一般都会穿黑色西装配鲜红色领带。如果选用深红色的领带配黑色西装，则更容易赢得女性的欢迎。这样的搭配能够刺激女性的恋爱感情，也适合约会时穿着。而配上蓝色领带的话，能让对方感觉到自己的冷静和可靠。

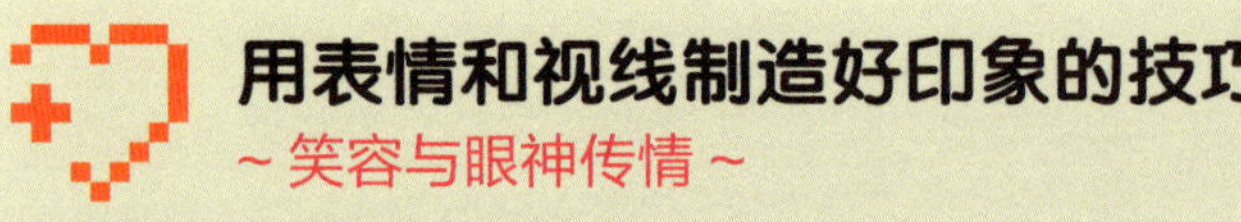

用表情和视线制造好印象的技巧

~ 笑容与眼神传情 ~

关于一个人的很多信息，我们都是从他的脸部获得的。脸部的表情和眼神等，对于决定一个人的印象起着至关重要的作用。在各种表情中，最容易给人制造出好印象的莫过于“微笑”。

能给人留下好印象的微笑，绝不是故意扮出来的“假笑”，而是发自内心的笑。所以，为了释放出微笑的能量，我们必须练就一颗豁达、乐观、阳光、积极的心。特别是初次见面时，微笑能将人的魅力提升好几倍。

要想展现出令人印象深刻的微笑，需要我们在平时多加练习。这个练习包括两部分，第一是形式上的，第二是心理上的。所谓形式上的练习，就是对着镜子确认自己微笑的样子，尽量将嘴角上扬，眼睛眯成一条缝，让整张脸都参与到微笑中来。自己练习时，表情可以夸张一点儿。我想，对于很多朋友来说，对着镜子如此练习有点儿难为情，但为了构筑良好的人际关系，还是努力一试吧。根据我的经验，效果相当不错。然后，就是磨炼“快乐”“想笑”的感情，在练习微笑表情时，提醒自己要高兴，渐渐地人真的会变得快乐起来，甚至连性格都会变得开朗。人在笑的时候，体内会分泌出一种叫作“β - 内啡肽”的激素，这种激素能让身体充满活力。由此可见，闪亮的笑容不仅能让人的魅力倍增，还能增进健康。

再有就是视线，眼神对人的形象也有很大的影响。说话时，尽量看着对方的眼睛，这是一个基本原则。不过，并不是目不转睛地盯着对方，谈话时有三分之二的时间与对方目光相接比较合适。另外，如果对方不止一个人，那么，说话时目光要一视同仁地轮流送给他们每一个人。如果面对一大群人演讲，我们不可能把目光送给在座的每一个人，只看那些对自己讲话感兴趣、并有点头等共鸣行为的人即可。

要想给人留下好印象，笑容必不可少。

1

对自己的笑容缺乏自信的朋友，可以反复练习嘴角上扬的动作。

2

眼睛眯起来，或者闭上一只眼睛使脸颊上提，可以锻炼脸部肌肉的灵活性。

3

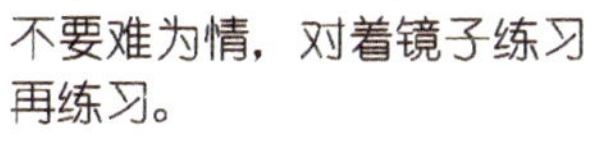

不要难为情，对着镜子练习再练习。

4

然后，进行实践……

5

不要担心失败，不要害怕嘲笑，总有一天您会练就最动人的微笑。

6

微笑练习

服务行业经常会对从业人员进行微笑训练。有一种方法是在说话结束时加一个“i”的口型。比如，“谢谢（i）”“欢迎光临（i）”等。有意识地在最后摆一个“i”的口型但不发出声音来，就能使嘴角上扬，看起来很像微笑。时间长了，微笑就成了自然。

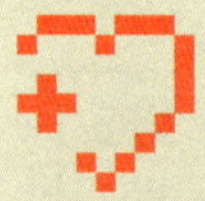

通过五秒钟谈话了解对方的性格

~通过对方说话速度，了解其性格和心理~

利用心理学的知识，我们可以了解别人各种各样的“心理活动”。只需五秒钟的谈话，就可以大体把握对方的性格倾向。

例如，对方的说话速度，就是一个重要的判断依据。如果一个人的说话速度很快，那这个人基本上竞争意识比较强，而且会十分坚持自己的主张。他们想尽快把自己的想法传达给他人，于是便不自觉地加快了语速。不仅如此，在心理上，他们总想占据上风，从而获得比对方更有优势的感觉。

一个人的说话速度不仅由其性格决定，也会受到当时精神状态的很大影响。说谎后或者顾虑后果时，人往往会有语速加快的倾向。一个人的说话速度加快，其实正说明他在进行辩解，是潜意识中不想给对方留出思索时间的心理在起作用。如果平时说话慢条斯理的人突然有一天说话极快的话，那我们就要当心了，搞不好他说了什么谎话。

另一方面，说话速度较慢的人多是充满自信的人。他们认为，即使不用快速说话，大家的注意力也都在自己身上。一个人对自己的意见非常自信时，说话速度也会慢下来。您不妨将身边的朋友或者明星、艺人的说话速度和他们的性格进行对照，结果肯定会非常有趣。

了解了这种心理倾向之后，我们不但可以通过说话速度判断一个人的性格，还能有意识地控制自己的语速。如果自己平时语速比较快的话，就要有意识地慢下来。这样一来，在谈话或者演讲时，就可以增加我们说话的分量，也更容易打动别人。

一分钟能说 400 字以上的人，就算语速很快了，这样的朋友最好有意识地把说话速度降到每分钟 300 字左右，这样可以留给人一种自信的印象。

说话速度可以体现一个人的性格。

1

说话快的人竞争意识强。

2

说话慢条斯理的人一般非常自信。

3

说谎后，人的语速也有加快的倾向。

4

但是，如果一直保持这个速度的话……

5

就容易出现混乱。

6

人说话的速度

据说，最容易让对方听清楚、最易于让对方理解的说话速度为每分钟 300 字左右。说话慢条斯理的人一般每分钟只说 250 字左右。顺便介绍一下，电视台播音员的平均语速为 350~400 字。听说有一个电视购物节目的主持人，一分钟能说 500 个字。

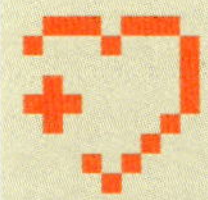

为什么成年人也会“认生”？

~ 自我防卫 / 恐惧心和警戒心构筑的壁垒 ~

虽然我们都知道第一印象在人际交往中的重要性，但很多人还是不善于与陌生人打交道，在第一次见面时，总显得十分拘谨，这就是所谓的“认生”。有些人从内心深处不愿意积极地与陌生人交往。

为什么有那么多人在陌生人面前显得拘谨和不自然呢？为什么成年人也会“认生”呢？

本来，“认生”是指小孩子对陌生人的一种警惕行为，6~12 个月大的婴儿大多都会“认生”。因为婴儿只熟悉母亲等天天出现在身边的人，他们用“认生”这种方式区分熟人和生人。从儿童成长的角度来看，这是对身边亲人形成依恋的一个步骤。

成年人的“认生”，即无法和陌生人迅速熟悉的现象，和婴幼儿的“认生”是有较大差别的。一般认为，成年人的“认生”是一种自我防卫。

成年人的自我防卫行为有很多原因，比如过去在人际交往中有过不愉快的经历（如被骗、受伤害等）。另外，也可能是担心对方不会对自己做出善意的反应，会得到对方冷淡的回应等，心理便产生畏惧情绪，于是从一开始就对陌生人有抵触情绪。

在人际交往中，大多数人都具有无意识的外交性，即通过人际交往寻求“自己的利益”。比如，在派对上，人们积极地与陌生人接触，很大一部分原因就是为了“推销”自己，以便让自己获益。当然，所谓的利益并不单指物质上的回报，也包括精神上的好处，比如和人交往可以让自己受到启发，或者打发无聊的心情、排解压力，让自己的心理更健康等。

很多性格细腻、敏感的人，对于这样的行为（为了利益而和别人交往）感觉不舒服，因此他们会从心里抵触与人交往，于是见到陌生人时就会用“认生”的方式进行自我保护。

盗猎株式会社
猎人　山下
啊？
5

美国马里兰大学的内森·福克斯通过研究发现，婴幼儿的“认生”受遗传因素的影响较大，不过采用正确的育儿方法可以解决孩子“认生”的问题。然而，有些家长对孩子过度保护，或者没有采用正确的方法帮助孩子改变过分内向的性格，孩子就有可能带着内向的性格一直长大成人。这也是成年后依然“认生”的原因之一。总之，他认为“认生”的性格是可以通过后天训练加以改变的。

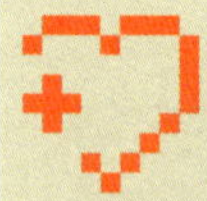

改善“认生”性格的方法

~对别人抱有兴趣，放松自我防卫意识~

经过调查发现，“认生”的成年人还为数不少。然而，成年后再想克服“认生”的心理是非常困难的。即使心里清楚与人交往会使自己获得很多益处，但有的人还是很难迈出第一步。有时会没话找话，勉强和对方搭茬儿，但往往交流不顺利，甚至成为尴尬、不愉快的经历。结果，以后就更不愿和陌生人交往了。

因此，在面对陌生人时，不必勉强自己“一定要说点儿什么”，如果不知如何开口，可以先从倾听开始。当对方向我们提问题时，正是谈话开始的好机会，我们可以在回答对方问题的同时，再加入一些其他话题，慢慢地就会放松下来，越聊越起劲。另外，如果当谈话遭遇“冷场”尴尬的时候，也不要强迫自己“一定要说点儿什么”，那是典型的没话找话。而且，匆忙之中抛出的话题有可能让气氛更加尴尬。此时，可以用提问的方式解围，把自己想问的问题直率地提出来即可。

面对一个人无话可说时，说明我们对对方缺乏兴趣。因此，也可以说，对别人抱有兴趣是改善“认生”性格的第一步。然而，对别人产生兴趣不可操之过急。如果突然变得对别人的事情都很感兴趣，也容易被人误解。培养自己对别人的兴趣要慢慢来，而且要多多进行实践积累经验，经验是改善人际交往的“特效药”。逐渐地放下自我防卫意识，不要太在意谈话失败的后果。即使谈话失败，也不会出人命，最多是有点儿丢脸罢了。人要是能够放下身段，学会自嘲，人际交往就会变得容易很多。要具有把失败的经历笑着说给别人听的勇气。实际上，失败经历就是最好的话题。

改善“认生”性格的最佳方法，就是和帅哥或美女朋友一同去参加派对。在派对上，帅哥和美女总能吸引很多人聚拢过来，这时我们就有接触更多陌生人的机会，多和他们交往，就能逐渐消除我们心里的不安情绪，谈话时也会自然从容。这样多参加几次派对，“认生”的性格自然就会得到改善。

1

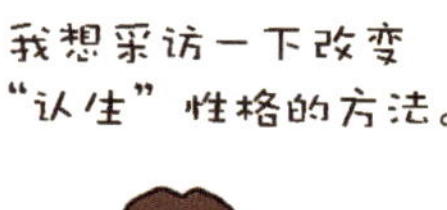

2

3

4

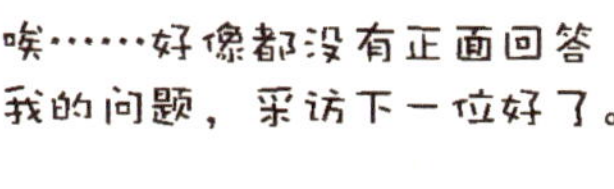

5

6

初次见面如何聊天？

对于初次见面的人，除了向对方提问之外，还能说点儿什么呢？最好是平时多积累一些聊天的素材，比如多读一些书，积累各种杂学知识。其实，很多善于聊天的人也是知识丰富的人。他们有时会抛出一些唐突的话题，如新数码产品、保健问题等，却总能引起对方的兴趣。因此，改变“认生”的性格，要从平时做起。

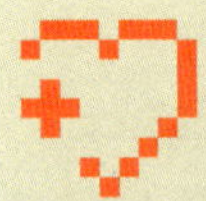

善于倾听，帮我们构筑良好的人际关系

~ 善于倾听的人为什么那么受欢迎？ ~

很多人以为，会说话、会聊天，容易吸引别人和受人欢迎。确实，善于“神侃”的人身边，总是聚集着很多人，他们具有让人快乐的能量，因此他们的“人气”也很高。据此，很多人便推断出，在善于说话和善于倾听的人之间，前者的人际关系更好。实际上，则恰恰相反。

对于大多数人来说，心中有不平之事、烦闷之情时，都想找个人来倾诉，从而将不好的情绪发泄出来。您也许有过类似的经历，因为某件事暴怒时，如果身边有人听自己发一通牢骚，随后心情就会平复很多，甚至已经不再生气了。可以说，这也是人的一种自我保护系统，即通过向别人倾诉或发牢骚的方式，把积压在心头的怒火发散除去，以免精神压力太大而造成心理疾病。其实，这种发泄情绪的方式不仅对怒火有效，对其他各种情感都有效。人就是一种希望有人倾听自己心声的动物。

从善于说话的人那里，我们能够听到令人感动、鼓舞的话语，但是与此相比，我们更希望有人愿意听自己倾诉衷肠。

不管是在职场上还是家庭中，要想构筑良好的人际关系，拿出诚意认真地倾听对方说话都是非常重要的。而且，与男性相比，女性更希望有人愿意听自己诉衷肠。在听对方说话时，要尽量看着对方的脸，时不时地点头表示赞同，以表示自己确实在听。如果能不失时机地简单说两句，表达一下自己的感情那就更好了。不过要注意，对方找我们倾诉，大多数时候并不是向我们征询意见，所以我们最好不要发表长篇大论的意见。特别是当对方发怒时，我们不合时宜的意见或建议可能会打断对方说话的思路，甚至使他的情绪更加失控。

边听边做记录效果就更好了

认真倾听对方说话，能让对方心情大好。如果能边听边做记录的话，那效果会更佳。在通常的对话中，当对方讲到非常重要的事情时，我们可以说：“我能拿本子记一下吗？”对方立刻就会被我们感动。认真听别人说话到拿出本子做记录的程度，很讨对方的喜欢。

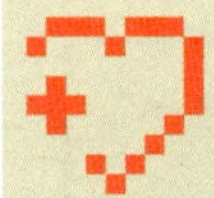

成为“倾听高手”的要点

～倾听别人说话时应该注意的六个要点～

我们该如何倾听别人说话呢？怎样才能成为“倾听高手”呢？下面，我总结了六个有关倾听的注意事项，希望对您有所帮助。

1. 尊重对方

良好人际关系的基础，就是相互尊重。当别人向我们倾诉时，我们要摆出认真倾听的姿态。绝不能轻视对方，更不能把人当傻瓜看待。尊重对方、体谅对方的情绪，才是构筑良好人际关系的开始。

2. 不能只用耳朵听

耳朵是我们倾听声音的器官，而且人类的听觉相当发达，我们可以一边做各种事情一边用耳朵听别人说话。然而，当别人向我们倾诉时，我们就绝不能只用耳朵去听了。“听的态度”最为重要，我们要认真地看着对方，集中注意力听他倾诉。这样不仅能赢得对方的好感，还能从对方的面部表情和态度上看透他心里的真实感情。

3. 抱着肯定的态度去倾听

在现在的社会中，对各种事情抱着怀疑态度也许并不一定是坏事。但是，在人际交往中，从一开始就对对方的意见持有否定态度，会大大妨碍良好人际关系的建立。即使对方的谈话真的一无是处，但我们也要想办法找到其中可取的地方，这才是倾听高手最善于做的工作。

4. 不要中途打断对方的谈话

聪明的人在对方刚一开口就能猜到他最终想要说什么。即便如此，也不能在对方讲话中途就打断他把结论说出来。其实，对方之所以找我们谈话，与其说是想向我们表达某种心思，倒不如说是想满足他说话的欲望。所以，我们只要默默地倾听就足够了。只有当对方不太方便说出结论，并暗示我们接着他的话茬儿说时，我们才能帮他说出结论，比如 ：“您说的是……吧？”

5. 如果对方说出含义不明的话

有时，语言本身就是一种含糊的东西，暧昧的表达方式有很多，再加上近些年来外来语、网络语言的盛行，有时在谈话时，难免会从对方口中听到一些含义不明的词汇或表达方式。遇到这种情况时，是该向对方问个清楚，还是不懂装懂呢？实在是很难做出判断。我告诉您一个基本原则，如果根据对方的前言后语能够判断出他想表达的意思，那就不用再问。如果这样还是不能弄清其中含义，最好摆出谦虚的态度来向对方请教。因为有的时候，对方会故意使用一些高深难懂的词汇，以显示自己的学识。如果我们谦虚地向他们请教的话，会极大地满足对方的虚荣心，也会让他非常高兴。然而，如果对方使用专业术语是出于专业需要，而非卖弄学识的话，我们最好不要当场向其请教，因为这样我们容易被对方误认为是不学无术的人。最明智的方法是把不懂的专业术语记录下来，事后自己去查清楚。

6. 反应要尽量的大

对于对方的真心话，我们要真诚地表示感动；当对方说出风趣的言论时，我们要用笑声来回应。这是倾听者应有的基本素养。特别是笑的时候，最好要笑出声来，我们的笑声能让对方心情大好。只有对对方的话有反应的人，才算得上倾听高手。而只会冷笑、嘲笑、讥笑的人，无论到哪里都不会受欢迎。当然，有时并不是我们故意嘲笑别人，而是我们笑的方式有问题。所以，笑也要多多练习，要学会发自内心地、会心地笑。

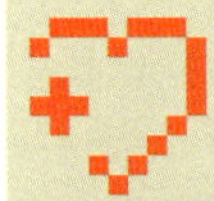

交换名片时的注意事项

~ 交换名片是建立良好人际关系的绝佳时机 ~

初次见面时，只要我们有名片，一般都会交换，这是一种便捷的自我介绍方式。不过，您知道吗？交换名片也是大有学问的。一般来说，接到对方递来的名片后，不要看都不看一眼就直接放入口袋中。一定要双手接过，然后仔细看一遍名片的正反面。

最好还要有所回应，或者提几个问题，比如对方的公司地址、部门设置等，随便什么都可以。关键问题在于，我们的反应会间接地告知对方“我对您感兴趣”。在与人交往的时候，对对方抱有兴趣，也容易让对方对自己产生兴趣。此外，在提问时，要尽量选择对方容易回答的问题，否则会给对方带来麻烦或造成尴尬。

人的心理中还有一个非常有趣的效应，即当我们发现别人和自己有共同的地方或相似之处时，会不由自主地对那个人放松警惕、产生好感。这就是所谓的“类似性效应”。如果能够熟练地把握这种心理效应的话，就能进一步拉近人与人之间的心理距离。具体来说，当我们接过对方的名片后，要尽量从名片的信息中寻找与自己“沾边”的地方，比如对方公司的地址和自己以前工作的地方很近，对方的工作性质和自己类似等等。发现了这些类似性，并告诉对方，就会让对方对自己产生亲近感。

此外，道别时也有学问，我们经常听到初次见面的人道别时这样说：“以后有什么需要帮忙的，尽管找我！”乍一听，好像是一种积极地想要拉近彼此关系的说法，但实际上这句话的言外之意是“如果您对我有兴趣，再和我联络”。反过来解释，就好像在说，“如果没有需要的话，就不用和我联系了”。所以，最好不要用这种方式道别。正确的道别应该是，“过几天我给你打电话”。

1

接到名片后，首先应该仔细看一看。

2

然后提几个问题，表示自己对对方感兴趣。

3

4

5

6

类似性效应

初次见面的人，对于对方的兴趣爱好、想法等一无所知，因此经常会不知该说点儿什么。在这种情况下，如果了解到对方和自己的一些共同点，如出生地、兴趣等，就会立刻对对方产生亲近感。所以，我们初次与人交往时，应该尽量寻找彼此身上的相似之处。

第五章

加深关系的心理学

人与人相识之后，在不断的交往中，关系会逐渐加深，而在这个过程中，人会呈现出各种各样的心理。在这一章中，我将为您讲解和上司、老职员搞好关系的方法，以及既能表明自己的主张又讨人喜欢的表达方法。

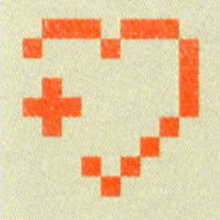

为什么交不到亲密的朋友？

~ 自我展示 / 敞开心扉，公开一些隐私话题可以拉近彼此的距离 ~

有些人的交往方式看起来和大多数人一样，他们也会和人聊天，也会参加聚会，可就是交不到亲密的朋友，这是为什么呢？

在初次见面时，要想给别人留下好印象，与谈话内容等能体现内涵的东西相比，外貌、表情等外在因素更为重要。可是，要想进一步交往、加深关系的话，谈话的内容就变得更为重要。那些无法交到亲密朋友的人，我想请您回忆一下自己平时和别人聊天的内容，恐怕大多都是天气、时事等话题，而涉及自己的出生地、兴趣爱好、梦想、家庭等隐私性的话题，则避而不谈。

要想加深彼此之间的关系，向对方透露一些自己的隐私是非常必要的。把自己平日所想、兴趣爱好、家庭等隐私性话题讲出来，叫作“自我展示”。心理学的研究发现，当有人向我们袒露心声、进行自我展示时，我们会对其产生好感。

有人认为把自己的隐私说出来很不好意思，甚至担心别人会因此讨厌自己。实际上，结果恰好相反。事实证明，人与人之间的亲密程度与自我展示存在关联性，当人把自己的秘密、过去的失败经验、不愿让人知道的疾病等深埋心底的话说给朋友听后，两人的关系会变得更加亲密。此外，当别人向我们进行自我展示后，我们也会不由自主地想对他进行同等程度的自我展示，这就是“自我展示的回报性”。这样彼此袒露心声，自然会不断加深感情。

人在学生时代、职场和社区生活中都有结交到的朋友，但有调查显示，高中时期建立的友情持续一生的比例最高。其中一个原因就是高中时代我们处于青春期，比较多愁善感，朋友之间会不停地倾诉心声，比如理想、爱情等。所以，这个时期结交的朋友，感情最为深厚。

1

2

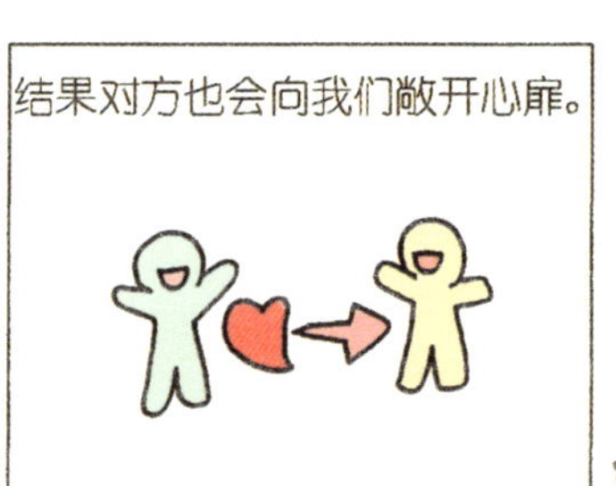

3

4

5

6

自我展示

心理学者杰拉德曾经对新进公司的职员进行过人际关系方面的调查，看自我展示与人际关系之间存在怎样的联系。结果发现，相互进行自我展示的人之间，更容易形成亲密的关系。此外，对于自我展示，男女之间存在一定的差异。总的来说，与男性相比，女性更不会排斥别人的自我展示。

怎样让对方喜欢自己

~ 私人空间 / 看不见的心理屏障 ~

我想，大多数人无论在学校、职场还是社区，都想和周围的人搞好关系，并结交到朋友。那么，怎样才能让别人喜欢自己呢？最简单的方法便是：尽量和你想亲近的人靠近一些。

就这么简单吗？肯定有人对此持怀疑态度，实际上，这种方法背后隐藏着一种强大的心理效应。很多动物都具有“领地意识”，人也一样，人的前后左右一定范围之内，是属于自己的“私人空间”。我们不喜欢别人闯入自己的私人空间，但如果对方长时间待在自己的私人空间内，我们会对其产生好感。因此，我们要想办法长时间待在对方的私人空间内。当然，不能是贸然闯入，更不能来“硬”的。所以，我们要先找一些理由，比如，邀请对方一起吃饭、喝茶等，制造机会来自然地进入对方的私人空间。咖啡厅的卡座就能将两人的私人空间重叠起来，狭小的卡拉 OK 包间也是不错的选择。反复几次之后，彼此之间就容易产生好感。再加上一种名为“单纯接触原理”的心理效应的帮助，见面次数越多，关系会变得越亲密。

这种方法不仅适用于职场上加深人际关系，也适用于谈恋爱。如果有了心上人，不妨约对方去有卡座的咖啡厅品咖啡或者去唱卡拉 OK。在不断的约会中，再采用前面介绍过的“自我展示”，效果就更好了。当对方逐渐了解自己之后，就容易对我们产生好感。此外，在酒局上，在酒精的麻醉作用下，人更容易敞开心扉进行自我展示。所以，很多人会利用吃饭、喝酒来拓展人际关系。

1

想让对方喜欢自己，就要尽量与他拉近距离。

反复会面，也会增加好感。

2

3

4

5

喂！我说你！

6

私人空间

每个人的周围都有一个无形的、不想被人“侵犯”的空间，这叫作“私人空间”。私人空间的大小因人而异，大体上是前后 0.6~1.5 米，左右 1 米。此外，对于不同的对象，私人空间的范围也会发生改变。对于亲近的人，我们的私人空间会变小。

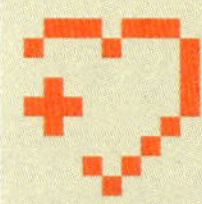

为什么在电梯中人们都不愿意对视？

~人会保持适度的亲密~

最能体现人的私人空间的场所，恐怕就要数电梯了。如果细心观察的话，您会发现一个有趣的现象，即乘坐电梯时，大多数人都会抬头盯着显示楼层的数字看。

电梯内的空间非常狭小，人们的私人空间彼此重叠，也就是说相互进入了对方的私人空间。我们都不喜欢别人“侵入”自己的私人空间，所以想从这种“令人窒息”的氛围中逃脱，而盯着显示楼层的数字看就是一种想要逃脱的表现。

您一定也曾和同事或认识但不太熟的人一起乘坐过电梯。也许在一同等电梯的时候，彼此会海阔天空地聊天，可一旦进入人多眼杂的电梯之后，就会立刻停止谈话，而且眼神也不敢对视了。这是为什么呢？

心理学上称这种现象为“电梯视线现象”。和同事或认识但不太熟的人一起乘坐电梯时，彼此的距离太近了，相互进入了对方的私人空间。在如此近的距离下视线相对地聊天，会让原本并不太熟的人感觉过于亲密，所以这种过度亲密会让人觉得不自在。因此，在电梯中停止谈话、互不对视，不仅是因为不想让旁人听到谈话的内容，还因为不想表现得过于亲密。

一方面，对于自己喜欢的人，我们会采取一些手段拉近距离，进一步加深彼此的亲密程度。但另一方面，对于不太熟的人，我们会无意识地通过调节视线、表情、距离等与其保持适度的亲密，因为过度的亲密反而会让我们感觉不舒服。

了解了人的这种心理之后，我们就可以通过对方与自己保持的距离来判断他对自己的感情。此外，对于我们想要亲近的对象，可以在电梯中采用视线交互或低声耳语的方式来拉近彼此的心理距离，会收到显著的效果，不信您可以试一试。

1 平时，我们可以毫无顾忌地看着对方的眼睛聊天，但到了电梯里……

不！还是吃阳春面吧。

吃牛肉拉面吧。

2 就会把视线移开，不再看对方。

3 在平时的距离下，对视和聊天都没有问题，

4 可到了电梯这种狭小的空间后，再对视、聊天的话，就会显得过于亲密。

过于亲密会让不太熟的人感觉不自在，所以会移开视线、停止谈话。

5 但是……

6 见死不救的话，也太不像话了！

救命啊！

没看见。

嗯。

电梯视线现象

与同事或不太熟的人一同乘电梯时，我们往往不会与对方对视和谈话。因为在狭小的电梯中，人与人之间的距离太近，彼此进入了对方的私人空间，如果再对视、聊天的话，会显得过于亲密，这会让人感觉不舒服。

拒绝对方又不会引起不快的方法 / 工作篇

~ 附加条件同意法 ~

当我们很在意与别人建立的良好人际关系时，拒绝别人的请求就变得非常困难。特别是在职场上，拒绝上司的请求是需要极大勇气的。人们会担心，如果拒绝了对方的请求，会不会引起对方的不快，会不会影响自己在对方心目中的形象等。结果，就很难将拒绝的话说出口，最终大多是勉强自己接受了他人的请求。

然而，总是勉强自己的话，也会让自己产生很大的心理压力。“忍耐是一种美德”的时代已经一去不复返了。对于让自己为难的请求，该拒绝时就要勇敢拒绝。可是，该怎样拒绝别人才不会伤害到他们的感情呢？

有人会采用一种防卫手段，嘴上总是说“我很忙”，制造一种“我没有时间”的气氛，让别人难以开口提出请求。这个方法很有效，这样的人自然很少会接到工作上的请求，但是也容易给人一种工作能力差的印象。而工作能力强的人，几乎从来不说“我很忙”。他们会摆出一种体谅他人的姿态，始终是一副“我可以帮助你”的样子。

在拒绝别人请求时，首先要尊重对方，同时再把自己的想法表达清楚。比如，当有人向我们提出工作上的请求时，不要直截了当地以“我干不了”来拒绝，而要换一种婉转的方式，例如可以这样说：“如果星期五之前我能抽出时间的话，一定帮你的忙！”首先，我们要表现出一种接受的姿态，然后再把自己的状况说清楚。这就叫作“附加条件同意法”。

如果简单以一句“我干不了”来拒绝别人，难免会引起对方的不快。而附加条件同意法，则先以一种乐于助人的姿态同意对方，而同时也把自己工作量大、没时间的现实状况说清楚，对方一般就会知难而退了。

1

当别人提出请求时，

我有点儿事想……

2

如果拒绝的方法不当，会引起对方的不快。

我不干！

3

可以采用“附加条件同意法”来委婉地拒绝对方。

哦？

4

当别人提出请求时，

喂！帮我处理一下这个文件。

5

在提出条件的基础上表示同意……

如果要在三年后的九月一日前完成的话，我可以帮你。

6

怎么会这样？

两全其美的替代方案

上司提出的请求中，很多都是突发奇想、没什么实际意义的。有的人因为不好意思拒绝，结果被上司的请求弄得团团转，做了很多没有意义的工作。对于别人提出的没有意义的请求，即使对方是上司，也要加以拒绝，不过拒绝要讲究方式和方法。此外，我们还可以想出两全其美的替代方案向上司提出建议。这样一来，不仅巧妙地驳回了上司的请求，还把无意义的工作变成了对双方都有好处的工作。

拒绝对方又不会引起不快的方法 / 熟人篇

～“Yes，but...”拒绝法～

在工作之外，朋友或家人也经常向我们提出各种各样的请求。有人担心，断然拒绝的话，会伤害到朋友、家人的感情，所以总是一味答应，结果弄得自己特别疲惫。实际上也是如此，很多人被拒绝之后，会感觉自尊心受到伤害，甚至觉得对方轻视自己。

尽管如此，需要拒绝时，就要毫不犹豫地拒绝。我们没有必要接受那些超出自己能力范围的请求。即使是亲朋好友，如果请求不切合实际的话，也一样要拒绝。如果碍于面子，勉强答应或者拒绝得不清不楚的话，就是在浪费双方的时间。

实际上，心理学的研究表明，即使拒绝别人，双方关系发生恶化的风险并不大。对人际关系的破坏力最大的不是“拒绝”，而是“拒绝的方法不妥当”。

对于亲朋好友提出的“麻烦请求”，我们该怎样高明地拒绝呢？我教您一种名为“Yes，but...”（好的，但是……）的拒绝法。

对于对方的请求，首先要发表肯定的意见，并表示自己的谢意（感谢对方的信任）。然后，再来一个转折，寻找一些理由婉转地拒绝对方，例如“不过，我要照顾生病的母亲，可能没有时间”。当然，有些不识相的人还会不依不饶地坚持他的请求。这次，就要断然拒绝了，可以说“我真的没有时间”。如果再加上一点儿“生气”的演技，就更完美了。

不过，前面介绍的只是拒绝别人的方法论，更重要的是我们要树立“该拒绝时就拒绝”的意识，不能老被面子拖着走，否则会把自己弄得很疲惫。

1

"Yes, but..."的拒绝法是一种既能拒绝对方，又不会使对方不高兴的方法。

2

对于对方提出的请求，首先要表示肯定（yes），并表示谢意（感谢对方的信任）。

3

然后，再来一个转折（but），婉转地拒绝对方。

4

5

6

哼哼

唉！这个方法对流氓没用……

这种方法通过最初的肯定，可以先稳住对方的情绪。而且，在语言中有一种"开头效应"，即最初的话总让人印象深刻。但是，随后的转折中必须明确表达出自己的意见，否则容易让对方误会。归根结底，拒绝别人的要点就在于，在尊重对方的基础上表明自己的观点。

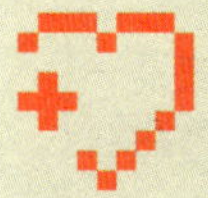

让别人答应自己请求的方法

~ 午餐策略 / 空腹感与接受请求的关系 ~

前面讲了“该拒绝时就拒绝”的重要性，但反过来，我们自己也有求人帮忙的时候。那么，在向别人提出请求时，怎样才能让对方更容易答应自己呢？

我们可以从政治家的种种行为中找到上述问题的答案。日本的政治家公务十分繁忙，可是到了晚上经常能见到他们出入料亭（高级日本料理店）。其实，他们大多是借吃饭之机谈事情，可是为什么偏要选择在料亭这种地方谈事情呢？

在料亭吃饭，都是包间，隐秘性强，谈话内容不容易泄露，当然这只是原因之一。还有一个重要的原因就是在吃饭的时候谈事情或提出请求，更容易达成一致的意见或让对方答应自己的请求。这在心理学上称为“午餐策略”。

俗话说“人是铁饭是钢”，吃饭这件事情能给我们带来满足感和快乐，而对于和我们共享这种满足感和快乐的人，我们容易对其产生好感。因此，在饭桌上提出的请求，真的很难拒绝。

此外，很多高级餐厅的装潢都是经过精心设计的，其色调等能让食客放松。在轻松、愉悦的环境中，人更容易接受对方的请求。事后想一想，与自己一起进餐的人，我们对他的印象也会受到美食的影响，在心中留下美好的记忆。人的头脑是非常主观的，对事物的记忆会受到当时种种因素的影响，很难完全客观地反映事物本来的样子。

最后，再来介绍一种“午餐策略”的实际应用。有的公司在一个大项目完成之后，会举办“庆功宴”来犒劳员工，从而激励他们的干劲。实际上，如果把宴会安排在项目进行过程中，激励效果会更加显著。

午餐策略

酒足饭饱之后，人的心情也是最愉悦的，此时最容易接受别人的请求。曾有心理学家进行过一项实验，让两组人读评论文章，一组人只是读，而另一组人一边吃点心一边读。结果发现，边吃边读的人，更容易对评论文章中的看法表示赞同。

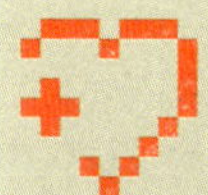

如何与上司、老职员搞好关系

~ 态度的类似性 / 达成共识的技巧 ~

和上司、老职员的关系不融洽的话，会给我们的工作带来很多不便，也会让我们徒增很多精神压力。因此，有人会以逢年过节送礼的方式来讨好上司和老职员，而有人会在上司面前说别人的坏话来抬高自己，以期得到上司的赏识。

人大多会有一种贬低别人、抬高自己的心理，但这并不是一种积极健康的心理。如果想通过这种方式来提升自己在上司心目中的形象，首先态度就没有摆正。只要上司不是傻子，就会看穿这种心理，反而对这样的人产生不信任感。

在职场上，能和开明上司保持良好关系的人，大多意见鲜明，他们该赞成时赞成，该反对时反对。

不过，也有些昏庸的上司，只喜欢那些善于阿谀奉承的“yesman”（唯唯诺诺的人，应声虫），他们对上司的一切意见都持支持态度。这样的上司领导的团队不可能有很大的作为。

对于与自己意见相同的人，我们容易对其产生好感。这种现象在心理学上被称为“态度的相似性”。因此，如果我们赞同某人的意见时，最好大声说出来，这样容易获得对方的认可。不过，反对的时候，大胆反对也是非常重要的，只不过需要注意反对的方式和方法。在人数众多的会议上，即使反对上司的意见，最好也不要当众批评指正。因为人都是要面子的，如果当众伤害了上司的尊严，而对方心胸还不够宽广的话，就会对我们怀恨在心，甚至产生敌对的情绪。在这种情况下，最好的处理方法是，事前或事后单独向上司提出反对意见，可以用“我是这样想的……”来表达自己的想法。

1

2

3

4

5

6

态度的类似性

对意见相同的人容易产生好感，而对意见不合的人容易出现排斥倾向。人都认为自己的意见或想法是正确的，因此当遇到有人意见和自己一致时，就好像找到了“同盟军”，进而印证自己想法的正确性。因此，也会从心里对这样的人产生好感。

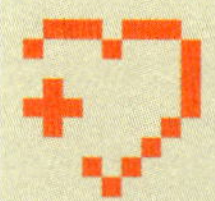

理想的领导者形象

~PM 理论 / 是达成目标还是制造环境？ ~

无论在学校、家庭还是公司，只要是以组织或团体的形式出现，就有领导者存在。日本心理学者三隅二不二曾提出一个“PM 理论”，他将领导者的功能分为“目的达成功能”（P 功能）和“维持团队内部和谐的功能”（M 功能）。

所谓 P 功能，是指为了达成某一目标，领导者对团队成员发出命令、提供行动指导的功能；M 功能则是指在团队内部制造和谐气氛，巩固成员之间良好关系的功能。如果领导者的 P 功能强，用大写字母“P”表示，不强的话则用小写字母“p”表示。M 功能也同样根据领导者能力的强弱分别用“M”和“m”表示。这样一来，用排列组合的方式可以表示出四种类型的领导者，分别为“PM 型”“P 型（Pm 型）”“M 型（pM 型）”和“pm 型”。“PM 型”领导者，优先考虑工作效率，在指导下属工作的同时，还会努力团结下属、增强他们的团队合作精神；“P 型（Pm 型）”领导者则把实现工作目标放在首位；“M 型（pM 型）”领导者更注重维持团队的和谐稳定；而最差劲的领导者就是既没有指导工作的能力，也不善于团结下属的“pm 型”。

心理学者三隅二不二就对领导者进行了上述分类，并对团队进行了各种各样的研究。如果根据团队成员的愿望和满意度给各种类型领导者进行排序的话，应该为 PM 型、M 型、P 型和 pm 型。从 M 型和 P 型的前后关系中我们可以看出，与工作指导能力相比，制造和谐气氛、维护团队团结的能力更为重要。

因此，作为公司中的领导者，要积极策划和组织一些有利于下属之间联络感情的聚餐、聚会等活动。当然，领导者不必每次活动都亲自参加，重要的是进行策划和组织，以及为活动筹划经费。当然，领导者筹集的经费也许并不够，但金额多少不是问题，关键是这种姿态能感动下属。

根据 PM 理论将领导者分成四种类型

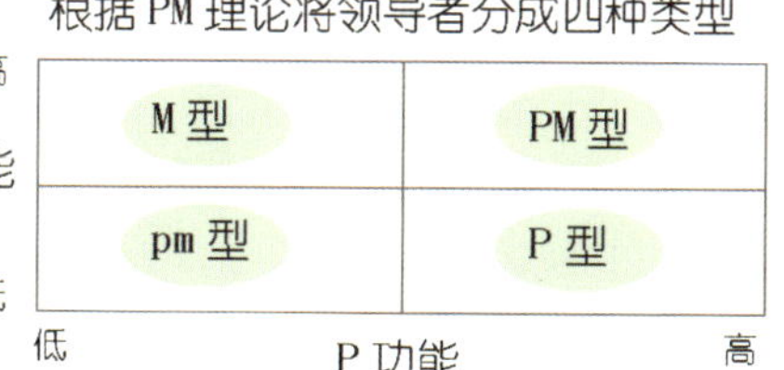

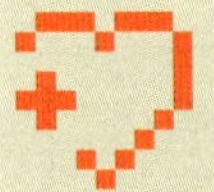

培养部下、新进职员的有效方法

~ 皮格马利翁效应 / 信任让部下成长 ~

有经验的朋友都知道，培养部下或新进职员是一件非常辛苦的事情。

采用什么方法才能使部下或新进职员成长，要视对方的具体情况而定。有些新人，不对他们严厉一点儿，就把上司的话当耳旁风；而有的新人，如果批评得太重，则会让他们一蹶不振。心理学家通过研究发现，对于大多数人来说，赞美、表扬比批评更能激发干劲。如果对部下、新进职员寄予期望的话，他们会按照期望的目标奋发努力。这比通过批评让他们带着强迫观念工作，效果要好得多。心理学称这种现象为"皮格马利翁效应"。

因此，作为领导、老职员，应该给予部下和新进职员充分的信任，并寄予适当的期望(期望不可过高)。这样就能有效地提高部下或新进职员的能力，帮助他们成长。然而，很多人担心如果自己对别人抱有期望的话，最终可能会很失望，所以从一开始就不愿意去信任别人。这是培养部下、新进职员的大忌。请记住，充分信任别人，就是给人成长的机会。

此外，当我们怀着善意与人交往时，对方也容易对我们表现出善意。这就是"善意的回报性"。换句话说，我们信任部下，对他寄予期望，并满怀善意地和他交往，结果部下也会按照我们的期望奋发努力，最终慢慢成长和成熟起来。

当部下或新进职员犯错误时，也可以应用皮格马利翁效应。不能因为他犯了错误就否定他的一切。此时，与批评或训斥相比，宽慰和鼓励是更好的方法。看到上司这种宽容的姿态，部下会更加努力，以一种报恩的心态来回报上司的宽容。在人感觉痛苦时，一点点宽容将会比平时放大好几倍，也更能深入人心。相反，当部下犯了错误时，如果上司冷眼相对，甚至严词训斥的话，很容易失去部下的信任。

皮格马利翁效应

对孩子或部下充满期待的话，他们就会按照我们的期待提高成绩或增强能力。皮格马利翁是希腊神话中的塞浦路斯国王，他制作了一尊少女雕像，并爱上了这尊雕像。皮格马利翁真诚地期望自己的爱能被接受，而他真挚的感情和真切的期望感动了爱神，结果爱神赋予了雕像生命。

为什么开会的时候大家都不愿意多说话？

~ 林格曼效应 / 社会惰性 ~

对于企业的经营者和管理人员来说，开会的时候，与会者闷头不语可能是一件非常头痛的事情，可这种令人头痛的事情却经常发生。特别是人数众多的店长会议或业务会议，虽然到场的人很多，却听不到什么有用的意见。实际上，并不是真的"没有意见"，而是与会者都不太想突出自己的一种心理在作祟，这是"同调行为"的一种。

本来，如果能在会议上提出有价值的好意见，肯定能得到众人的认可和赞赏，这是一件给自己加分的事情。然而，对现代人来说，与赢得别人的赞赏相比，他们更担心自己的意见有被人笑话的风险，因此都不愿意先出头。就像求职一样，在招聘会时本应彰显自己的个性才能给招聘者留下深刻的印象，但求职者却不约而同地都穿上了西服套装，将自己埋没在人海之中。当然，这种现象的出现，企业自身也有问题，因为他们容忍甚至鼓励求职者这样埋没自己的个性。

再回到会议的话题上，为什么在人数众多的会议上，与会者都宁愿保持沉默，即使有好的意见，也鼓不起发言的勇气呢？除了上面说到的"同调行为"之外，还有一种"即使我不说，也会有人替我说出来的"的心理在起作用，心理学将其称为"林格曼效应"。

林格曼效应其实是一种"社会性偷懒"行为，当我们处在人群中时，总会认为即使自己不做，也会有人替我们做，因此就不会采取积极的行动。就以国外公交车设置了下车按钮为例，如果有人想在下一站下车，就应该按一下按钮以提示司机。可是，不到最后关头，大家都不愿意去按这个按钮，因为总以为其他要下车的人也会按的。

公司开会时，如果与会者都不积极发言的话，经营者经常会把责任全部推到与会者的身上。其实，经营者也有一定的责任。了解了林格曼效应后，会议的主持人即经营者，就应该在会议上营造出一种能让人积极发言的氛围。不能对任何意见都持有攻击性的态度，对于与会者的意见应该提出一种向前看的、建设性的评价，否则，会议将无法取得预期的效果。

1

2

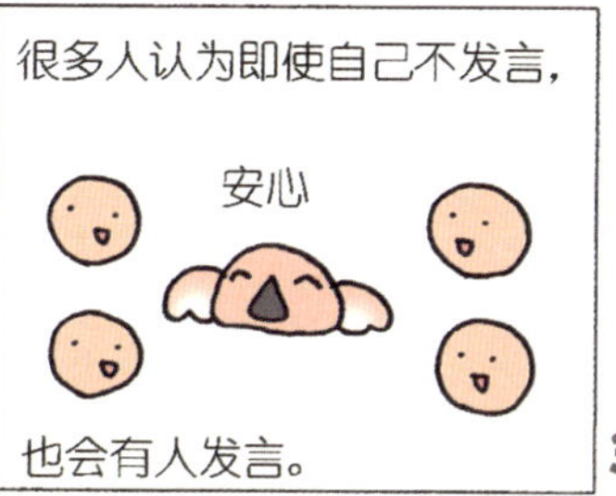

3

4

5

6

林格曼效应

当人处于集团中时，会产生偷懒的心理。德国心理学家林格曼曾经做过一个“拉绳子实验”。拉绳子的人数由两人变成三人，然后不断增加。当拉绳子的人越来越多时，林格曼发现，虽然总体拉力增加了，但每名成员施加的拉力却在减少。这说明随着人数的增加，每个人都开始偷懒。

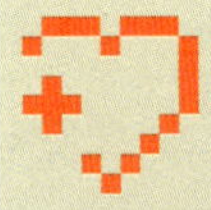

如何合理使用会议室

~ 会议室大小与氛围的关系 ~

如果能够合理使用会议室，将会使与会者紧绷的神经得到放松，从而大大提高开会的效率，获得更大的成果。

曾经有心理学家研究过会议室大小与与会者之间的关系。通常情况下，会议室的大小是根据与会人数而选定的。如果很多人来开会，当然要选空间较大的会议室。不过，如果与会者在十人左右的话，那么会议室的大小将极大地影响会议的气氛。

如果参加会议的全部为男性，使用小会议室的话，会议中将会出现积极的，甚至攻击性的意见交换。如果使用大会议室，则会变成一场稳重的、和谐的会议。然而，如果与会者全部为女性，情况就刚好相反。如果使用小会议室，将会是一场气氛和谐、交流顺畅的会议，这是因为女性喜欢在比较狭小的空间中开会。然而，男女与会者均有的会议就不会出现上述现象。所以，只有当与会者性别比较统一时，才能利用会议室的大小来调整会议的氛围。

其次，会议室内部装潢的色调也是影响会议气氛的重要因素。颜色具有一种令人时间感错乱的效果。某些颜色让人感觉时间变长，而有些颜色则会让人感觉时间过得飞快。所以，如果能了解一些色彩心理学的知识，就可以利用颜色将沉闷冗长的会议“缩短”。此时，蓝色系颜色是首选。要把会议室的墙壁粉刷成蓝色，是个大工程，对于很多公司来说不现实。但是，没关系，可以换用蓝色系的窗帘、桌子、椅子、装饰品等来增加会议室内的蓝色。置身于蓝色的环境当中，人会感觉时间过得很快。不仅与会者感觉开会的时间要好过一些，主持人也会因为感觉时间过得快而提前结束会议。此外，蓝色还具有使人放松、冷静的效果。在蓝色的环境中，创新的思维也会被激活。在这样的氛围中开会，将会大大提高效率，获得更大的成果。

如果是红色系的话，会让冗长的会议变得更加沉闷无聊。

我说你们……

啊～

唉～

会议室的颜色与会议的关系

蓝色系环境的会议室会让人放松、冷静，激发出创新思维，因此非常适合开会讨论新创意。很多公司的员工休息室也使用蓝色系，就是利用了蓝色的放松效果。如果整体环境都采用红色系的话，会让人精神涣散，因此会议室不适合使用大面积的红色。但如果使用红色椅子、装饰品等加以点缀的话，则能使人变得更加积极，所以适合开营销会议。

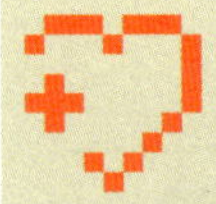

开会的时候坐哪个位置好

~ 通过坐席的位置了解与会者心理 ~

有的会议上，与会者的位置是事先定好的，而有的会议则是自由选择座位。在后一种情况下，通过与会者自己选择的座位，我们大体上可以对其参加会议的心理有所把握。

假设会议的座位设置如下图所示，那么，您会选择坐在哪个位置呢？

选择 1、3、5、7 号座位的人，具有当领导的资质。具有最强领导力的人喜欢 5 号座位，其次是 1 号。

在领导者中，重视人际关系的类型，一般会选择 3 号或 7 号。对会议持有消极态度的人大多会坐 2、4、6、8 号座位，而 6 号和 8 号座位上的人其态度是最消极的。

如果想开一场气氛和谐、进展顺利的会议，那么领导者应该坐 1 号或 5 号座位，而对领导者起辅助、支持作用的人最好坐 3 号和 7 号座位。

1

2

3

4

5

6

通过座位位置判断两人关系

同样是前面的会场桌椅设置，如果只有两个人会谈的话，那么通过他们座位位置的关系，可以判断出两个人的关系。有位心理学家调查发现，如果只谈一般性的话题，那么选择2、6或1、2的情况比较常见。如果两个人的话题比较亲密，比如关于协同工作的事情，那么可以选择2、3这种并列的位置。如果两人是竞争关系或敌对关系的话，则多选择1、5或2、6的座位。

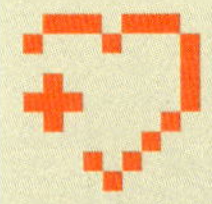

表达自己想法的方法

~ 自我主张 ~

我想，大多数人都希望自己能和周围的人保持一种和谐、稳定的人际关系，进行更好的交流与沟通。然而，人有时无法完全准确地运用语言、表情等表达自己心中的想法，误会、误解就是由此产生的。在某些情况下，误会、误解甚至能使原本和谐的人际关系陷入危机之中。

那么，我们该如何准确表达自己的想法，并防止误会产生呢?

首先，我们必须理解对方、体谅对方，然后在此基础上准确、明确地表达出自己的想法。这就是所谓的“自我主张”。

从大的方面看，人类自我表现的类型有三种。第一种是只考虑自己的、具有攻击性的表现方式；第二种是永远把对方放在最优先位置考虑的非主张型自我表现；第三种是既考虑对方也明确表达自己想法的自我主张型表现方式。举个例子，假设公司中的新人上班迟到了，不同的上司会有不同的表现方式。攻击性的表现方式为，愤怒地训斥：“你的脑子都在想些什么？整天迟到！”而非主张型自我表现是，多半会叹口气什么也不说，装作没看见。自我主张型的人会在考虑对方情绪的基础上把自己的想法表达清楚，例如“这么晚才来，刚才我还担心你是不是生病了。作为一名业务员，时间管理是我们必须具备的基本素质，所以请你以后在这方面多加注意”。

对于自我主张型的表现来说，重要的是认真面对自己的情绪，把自己想说的话说出来。非主张型的人大多会担心“说出来后惹得别人不高兴怎么办”，他们太过在意别人的眼光。当然，重视别人的意见，为别人着想是件好事，但重要的是“度”的问题，如果过于在乎别人的看法，就没有机会说出自己的看法了。

1

自我表现分为三种类型。第一种是具有攻击性的表现方式。

喂！
吵死啦！

2

第二种是非主张型的表现方式。

还是忍了吧。

3

第三种是自我主张型表现方式。

不好意思，
你能不能稍微
再小声一点儿？

4

自我主张型的表现方式，既尊重对方也不压抑自己。

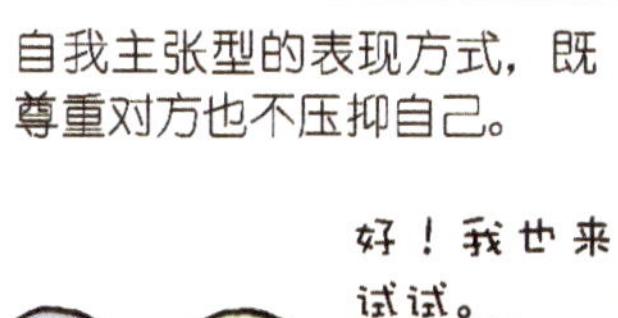

好！我也来
试试。

5

你这是
早晨洗头。

啊？

6

自我主张型的表现方式

好丢人……

也没什么大不了啦，
下次仔细一点儿，就
不会看错啦。

自我主张

充分尊重对方，并把自己所想的直截了当地表达出来，这就是自我主张型表现方式。为此，重视自己的情绪，准确把握自己在想什么、自己想要什么是非常重要的。因此可以说，对自己的想法、情绪进行把握和整理，是表达自我主张的第一步。

① 日语中“自我主张”和“早晨洗头”发音相近，容易混淆。

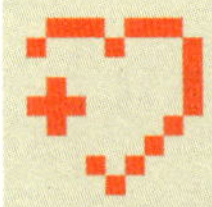

重视自己的感受

~自我主张型思维方式~

我发现，很多现代人都不善于表达自己的主张。从孩提时代起，大人就教育我们“不许发牢骚”“不要抱怨这个抱怨那个”……在这种模式的教育下，我们从小就深知“懂事的孩子才是好孩子，大人喜欢这样的孩子”。受这种价值观的影响，我们会尽可能地把想说的话压抑在心中，久而久之也就不善于表达自己的想法了。而且，不善于表达自己想法的人，也很难从语言或表情中判断出对方在想什么。

任何人都有在不侵犯他人权益的前提下做自己想做的事的权利。所以，我们没有必要为拒绝别人而心怀罪恶感，也没有必要畏首畏尾不敢说出自己的真心话。不过要记住，不只我们有这个权利，任何人都有这个权利。相互尊重、彼此妥协，是人际交往的基本出发点。不过，也不是说任何时候都必须明确地表明自己的主张，这要根据具体的人或事来定。在某些情况下，如果不明确地表达自己的主张，反倒有助于让事情顺利发展。那么，有助于维护人际关系的话，我们也有权利选择不表达自己的主张。

此外，要想准确无误地把自己的想法传达给对方，并不让对方误解的话，我们最好保持言行一致。如果言行不一的话，一方面无法清楚地表达自己真正的想法，另一方面也会让对方陷入进退两难的矛盾之中。举个例子，假设某人要约我出去吃饭，虽然我心里非常高兴，也十分愿意前往，但回答他时却只是面无表情地说了一句：“好吧。”这就是表里不一的表达方式，结果只能让对方陷入矛盾之中，因为他实在无法准确把握我的真实心意。所以，如果心里高兴就要笑出来，难过则要哭出来，自然而然的真情流露最为重要。

1 我们从小受的教育，都是压抑自己的想法。

2 所以，现在很多人不善于准确表达自己的主张。

3 正因为如此，我们要学习准确表达自己主张的方法。

4
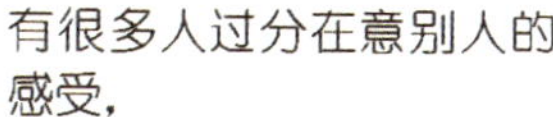

5 但其实我们更应该重视自己的情绪。

6

自我主张型思维方式

“不可以伤害别人！”这是我们从小就接受的教育。长大以后，我们更是被这种观念牢牢地束缚着。不伤害别人当然是好事，但也不能太拘泥于此。既重视他人也重视自己的自我主张型表达方式，偶尔也会给别人带来伤害。人际交往中重要的是相互尊重、彼此让步，并在此基础上明确地表达自己的主张。

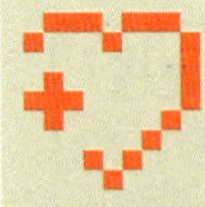

将自我主张应用于教育

~自我主张的实践~

在尊重对方的基础上明确表达自己主张的交流方式，叫作“自我主张型交流法”。在人际交往中，这种交流方法非常重要，而且它还能应用于各种各样的领域。

拿护士这个职业来说，由于所面对的患者大多处于特殊的心理状态下，二者之间经常会出现关系紧张的状况。因此，在护士教育的过程中，要让护士学会自我主张的交流方法，以便更好地和患者打交道。

前面为大家介绍过培养部下和新进职员的方法，其中讲到了皮格马利翁效应，基本上就是以表扬为主，通过激发部下的干劲来促进其成长和进步。可是，要让上司把想说话的全都憋在肚子里，一味地表扬也不是良策。此时，自我主张型的教育方法和交流方式就派上用场了。

举个例子，假设前一天安排一名下属去准备重要的会议资料，但今天开会时他却把资料忘在家里没有带来。遇到这种乌龙事件，大多数上司都会暴跳如雷，“你是怎么搞的！整天脑子都在想些什么……”上司往往会情绪失控，被个人感情所左右。

自我主张型交流方式则不同。首先，要指出部下所犯的错误（行为），再强调结果造成的危害（影响），然后再向他表达自己的想法（感情）。这样一来，对话就变成了这样：“你把资料忘在家里（行为），让今天来参加会议的人都很为难（影响），其实只要出门前检查一下就不会发生这种事，你太疏忽大意了，对此我们都感到非常遗憾（感情）。”这样，就将整个事件的原因和结果都向部下阐述清楚了，他也会明白自己的问题出在哪里，后果有多么严重，以及今后该如何改正。简单的训斥效果并不好，甚至还有反作用，最好的教育方法是告诉犯错的人他的行为造成了什么样的后果，以及别人将会怎样看待他。

1

2

3

4

5

6

不表明自我主张的权利

一听我说“自我主张型交流方式很重要”，很多朋友可能会产生一种强迫观念，认为“不使用这种交流方式就不行”。其实，我们有使用它的权利，也有不使用的权利。当上司教育部下时，如果感觉有些话不说反而对他更好，那就不必表达自己的感情。总之，要在尊重对方的基础上，根据实际情况来决定是否使用这种交流方式。

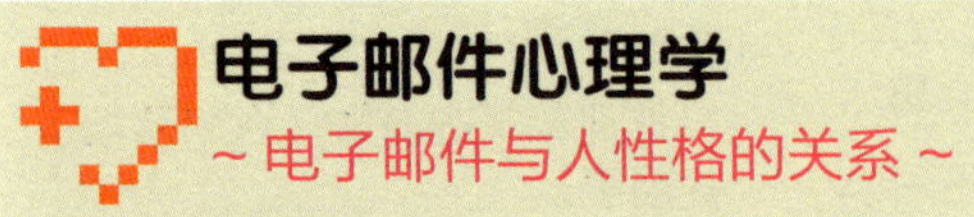

电子邮件心理学

~电子邮件与人性格的关系~

随着互联网的普及，电子邮件成为一种便捷、重要的交流工具，无论是在日常生活还是商务工作中，我们都会频繁收发电子邮件。本来，从对方的谈话、表情中读取其内心的真实想法，对现代人来说已经非常不易，而电子邮件又提高了理解的难度。因为除了冰冷的文字之外，我们无法从电子邮件中得到任何有关对方的信息。

电子邮件虽然是一种便捷的通信方式，但也给我们带来了新的人际交往问题。其中之一，就是我们从电子邮件中判断出的对方的性格、感情等，往往与其真实的性格、感情不一致。例如，我们收到一封电子邮件，其中对方的遣词造句非常冷淡，我们就认为对方可能生气了。于是便打电话过去询问，结果却发现对方心情大好。这就说明，人的心情和文字的表达，在某些时候是不一致的。不过，当人真的生气时，写出的电子邮件内容也确实会很严肃，甚至有把问题夸大的倾向。

这些都是由电子邮件的特性所造成的。人在面对面谈话时，除了倾听对方所说的内容之外，还会观察对方的表情，并将这些信息综合起来判断其内心的真实想法。打电话时，我们也会留心对方的语气语调等因素。然而，对于电子邮件来说，从头到尾我们都无法了解对方是在怎样的心理状态下写出这些文字的。所以，只有从字面意思进行判断，但这样一来，少了很多判断的辅助信息，自然更容易产生误解。

写电子邮件其实和谈话等交流方式的基本规则是一样的，都是在尊重对方的基础上，清楚明白地阐述自己的想法。在发出邮件之前，一定要冷静下来，重新客观地审视一下自己写下的文字，如果发现和自己想表达的意思有出入，最好赶快修改。

有很多人把电子邮件误认为是一种“发送信息”的“单向工具”，其实不然。和谈话一样，电子邮件也是双方相互交流的工具。所以，在写邮件时，必须考虑对方阅读邮件时的感受。

电子邮件心理学

电子邮件这种新的通信方式诞生后，让我们的交流变得更加方便快捷，但同时也出现了一些新问题。现代人从语言和表情中读取对方感情的能力本来就不高，要让我们从文字中把握写信人的感情，就更难了。因此，电子邮件经常会造成误解，甚至是感情上的伤害。

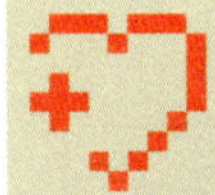

电子邮件礼仪与基本规则

~ 让电子邮件成为我们交流的好帮手 ~

收发电子邮件和交换名片一样，也有一些最基本的规则。很多商务人士都从自身的经验教训中学到了使用电子邮件的基本规则，但对于新人来说，恐怕就会遇到很多麻烦了。电子邮件虽然是商务人士天天都会接触到的沟通工具，但没有人教我们在这种沟通方式中所应遵守的规则，此类参考文书也是少之又少。在这里，我通过学习研究并结合自身的经验教训，把电子邮件使用中的一些基本礼仪和规则以及读者朋友们可能会用到的认知心理学知识总结如下，希望能对您有所帮助。

1. 注意标题

现在的互联网上，充斥着各种各样的广告邮件和垃圾邮件。这些邮件的标题往往令人迷惑，除了含义不明的外语标题外，还有很多广告邮件为了促使人打开进行浏览，会把标题弄得非常具有迷惑性。其中包括“装熟人型标题”，例如“还记得我吗”“好久不见”“过得好吗”等；“商业合作型标题”，例如“业务合作”“会议通知”等。

最初看到这些标题时，总会打开邮件看一下内容，结果多是广告邮件、垃圾邮件。久而久之，见到类似的标题就会直接删除邮件。有的商务人士，每天早晨打开电脑后的第一件事就是删除这些垃圾邮件。然而，有些熟人也会使用上述标题，所以一不小心就会误删他们的邮件。反过来看，为了防止自己的邮件被人删除，我们最好不要使用那些令人迷惑的标题，而且最好在标题中把姓名、公司名称、合作项目的名称等明确地写出来。

2. 正文的开头先自报家门

手写书信，一般都在最后才署名。但对电子邮件来说，除了末尾署名之外，在正文的开头也要自报家门。写完收信人的公司名称、部门、科室、姓名之后，正文的开头应该是：“您好，我是××公司的职员××。长久以来，受到您的提携和照顾，心中充满无限感激……”然后，再开始说正事、谈工作。如果自己的名字中有生僻字，最好把读音标注出来，这种贴心的做法能无形中感动对方。在邮件的最后，还要署名和写清楚自己的联系方式。

3. 换行与句子长度

商务人士常用的电子邮件软件如 Outlook 等，正文都有自动换行功能。一行比较合适的长度为全角 30~35 个字，每行的字数可以自行设定。如果是对话形式的文章，那么每行 15~30 个全角文字比较合适，在此情况下可以先手动修改每行的字数设置。对话形式的文章，每行比较短的话，不会让人感觉太生硬，更容易读下去。此外，句子也不宜太长。太长的话，难于理解。一般来说，45~55 个字是一句话字数的上限。

4. 不要使用特殊文字

在电子邮件中，尽量不要使用特殊文字。因为每个人使用的软件不同、版本也有差异，有些特殊文字在收件人的电脑中可能会显示为乱码，这会影响收件人对邮件内容的阅读和理解。

5. 交换名片后应该尽快给对方发一封问候邮件

在聚会、宴会、工作会议等场合和初识的人交换名片后，我们应该尽快给对方发一封问候邮件。第二天，当对方收到我们的问候邮件时，会加深对我们的好印象。人的记忆原理决定了，重复的次数越多，记忆越牢固。所以，有了接触的机会，我们就要把握住。既然名片上有对方的邮箱地址，那我们就要在第一时间发出问候邮件，让他记住自己。要知道，“趁热打铁”的效果最好。此外，也许见面时我们留给对方的第一印象并不太好，但事后通过发送贴心的问候邮件，可以改变对方对自己的看法，没准儿还能赢得对方的好感呢。

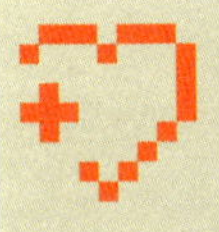

对别人微笑，别人也会以微笑回报

~ 镜像神经元 / 对方也会和我们抱有同样的感情，采取同样的行动 ~

在第一章中已经说明过，建立良好人际关系最强大的“工具”就要数“笑容”了。笑，不仅能让人变得快乐，还有助于我们建立良好的人际关系。在人际交往中，没有什么比笑更能赢得人心了。

这些话绝非什么唯心主义、精神论，是有科学根据的。在心理学上，就有理论认为“人不是因为快乐而笑，而是笑使人快乐”。也就是说，“快乐”这种感情并不是制造“笑”这个行为的原因，而“笑”这个行为却是“快乐”感情的源泉。

在脑科学领域，研究人员发现我们的“笑容”能够唤起别人的“笑容”。因为我们人类的大脑中存在一种名为“镜像神经元”的神经细胞。当我们看到别人的行为时，头脑中的镜像神经元会让我们去做相同的行为。也就是说，当别人对我们微笑时，我们也会对他微笑；而看到别人哭泣时，我们也会感到悲伤，甚至一同哭泣。反之亦然。此外，模仿别人的动作，可以让对方对我们放松警惕，从而更容易接近对方。

有些朋友不善言辞，聊天时不会说一些漂亮话来逗对方开心。这样的朋友，不妨尝试用“明快的笑容”来打动对方。我们的笑容就是让对方开心的法宝。

还有一点，笑的时候，要尽量笑出声来。只有开怀大笑，才能证明您的笑是真诚的、真实的，对别人的感染力也更强。只要您有灿烂的笑容和开怀的笑声，就再也没有必要担心人际关系方面的问题了。

1

2

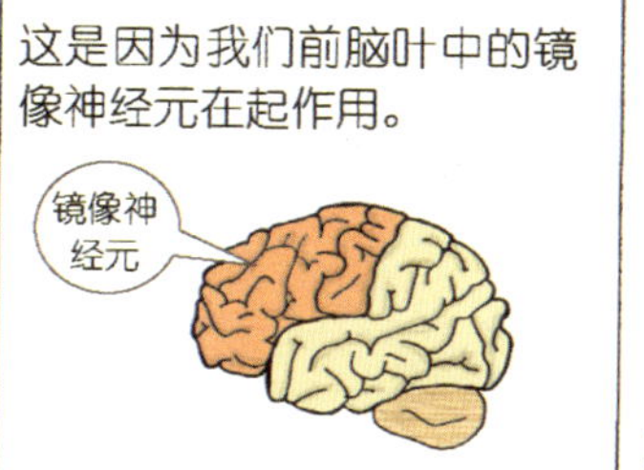

3

4

5

6

镜像神经元号称是近年来脑科学中最大的发现。镜像神经元让我们模仿别人的行为。打哈欠会传染，可能就是镜像神经元在起作用的结果。目前，关于镜像神经元的研究还在进行中。据科学家推测，当我们在揣测别人心理活动的时候，也会用到镜像神经元。

建立良好人际关系的五种“利器”

~ 磨刀不误砍柴工，先掌握这五种利器再去和别人交往 ~

这一小节是对第四章和第五章的一个总结，我把人际交往中的各种技巧概括为五大要点，再次一并为您说明。其实，每一点都不难做到，而且您可能会认为我太啰嗦，觉得这些都是理所当然的，根本不用我多说。不过，要在人际交往中坚持做到这几点，却并不容易。关键是意识，只要我们时刻保持尊重他人和要建立良好人际关系的意识，那么与人交往的技巧就会变成一种习惯。

1. 自然地微笑

前面我已经不厌其烦地解说过，笑容在人际交往中具有强大的魔力，能讨所有人的喜欢。所以，有时间就对着镜子好好练习一下笑容吧（请参见本书第 132 页）。另外，在保持笑容的同时，不要忘记适当地与对方进行目光接触。还有，要把牙齿刷得雪白，这样笑起来才更有魅力。

2. 注意服饰

服装是展现一个人品位和风采的重要方式，也是给人制造好印象的便捷工具，因为“以貌取人”的人实在太多了。其实，有时即使我们的内涵和外表并不一致，很多人也只是根据外表来认识我们。

挑选一身适合自己的衣服，颜色是首先要考虑的因素。颜色可以传递出很多信息，别人会根据衣服的颜色对我们做出判断，所以要特别注意对颜色的把握（请参见本书 128~131 页）。

3. 与会说相比，会听更重要

每个人都希望自己说的话能引起别人的共鸣，即希望有人倾听。所以，与人交往时要把倾听的姿态保持到底。有很多人在听别人说话时，都在想：“他是不是想征求我的意见？”其实，大多时候这只是我们自己的幻想。不要想太多，专心听就是了。只有当对方开口要求我们发表意见时，我们再发表自己真诚的意见也不迟（请参见本书第 142~143 页）。

4. 尊重对方，心存感激

虽说我们没有必要压抑自己的想法，把想说的话都闷在心里，但也不能一时感情用事，就不顾对方的感受，通通说给对方听。我们需要进行“自我主张型表现方式”的练习（请参见本书 172~177 页）。此外，当别人为自己有所付出时，我们要心存感激，而且要把谢意用语言和表情表达出来。也许对方只是帮我们做了一件微不足道的小事，但我们也不能忘记表达感激之情。记住，在人际交往中这是一个非常重要的原则。

5. 讨人喜欢的话

聊天时，说点儿什么才能逗别人开心、讨对方喜欢呢？这是我们要时常考虑的一个问题。方法之一，就是说一些赞美和褒奖对方的话。但是不可唐突、一定要自然，否则会有恭维、奉承之嫌。最好是对对话中讲述的行为、事迹加以赞美，这样就不会显得突然和生硬。此外，虽说过度的赞美之词有时会起到反作用，但是大多数人都不会对别人的赞美感到反感。只要是好听的，即使是撒谎，人也多半会相信。方法之二，披露一些自己的失败经历，也是让对方开心的好方法。比如，自我解嘲地说：“今天早晨上班时，发现竟然忘记拉裤子拉链，真是糗大了，哈哈哈……”别人听了肯定也会笑出声来，气氛一下子就会活跃起来。平时我们要多收集一些自己身上发生的可笑的事或失败经历，这些都是很好的谈资，以后可能会派上用场。当然，很多人可能不太愿意讲自己的糗事，但这确实是一种改善人际关系的有效方法。

第六章

修复关系的心理学

有时，尽管我们想与他人保持良好的人际关系，也采用了各种各样的社交方法，可结果总有不如意的情况，两个人的关系甚至还出现了裂痕。这个时候，我们该如何是好呢？第六章将为您介绍人际关系裂痕的修复方法，以及和“麻烦人士”打交道的方法。

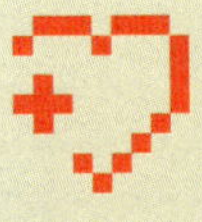

为什么会有“喜欢的人”和“讨厌的人”？

~ 对于和自己相似的人、距离近的人，我们容易产生好感 ~

当我们和很多人在一起相处时，慢慢地就会分出自己“喜欢的人”和“讨厌的人”。那么，“喜欢的人”和“讨厌的人”是怎么产生的呢？

我们喜欢或讨厌别人的理由，是由各种各样的因素错综复杂地交织在一起而形成的。而且，每个人的判断标准不同，所以不可能简单地概括出喜欢或讨厌的理由。一般来说，“喜欢的人”是指“在一起相处很愉快的人”，而“讨厌的人”则是“在一起相处不开心的人”，这是从主观感情出发进行的判断。除此之外，还有“能否从他身上学到东西”“对我是否有利”等利害关系的因素可作为判断的依据。

对于和自己持有相同或相似意见的人，我们容易对其产生好感。不仅如此，相同或相似的价值观、道德观等也能拉近彼此的心理距离。因为对方和自己相似，所以我们更容易推测他的想法，想象他的行为模式，这会给我们带来安全感，而安全感和好感是密切相关的。

反过来，如果和价值观、思维方式不同的人在一起，我们对他的想法、行为很难做出准确的推测，而这是一件很痛苦的事情，所以容易对其产生厌恶感。

此外，彼此距离较近，或经常见面，也容易产生好感。即使对对方没有什么兴趣，但如果反复见面的话，也会逐渐对其产生好印象，甚至好感。这种现象在心理学上称为“靠近的因素”。在学校和公司里，都是座位比较近的人关系比较亲密，也是这个原因。而且，如果了解对方的话，也容易产生好感，这叫作“熟知性法则”。

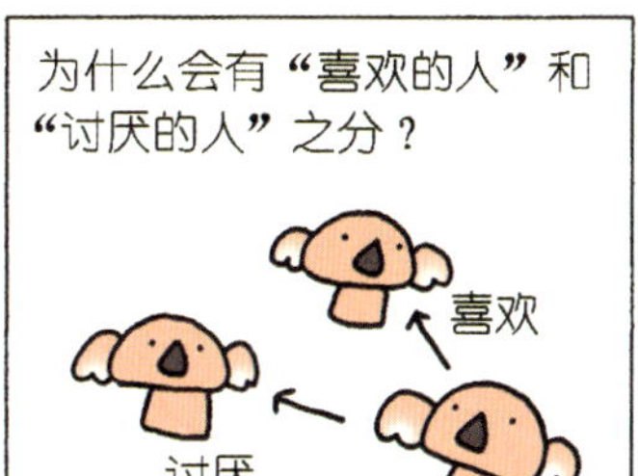

1

喜欢的人中多是和我们世界观、价值观相近的人，这样能使我们感到安心，也许还能带来某些利益。

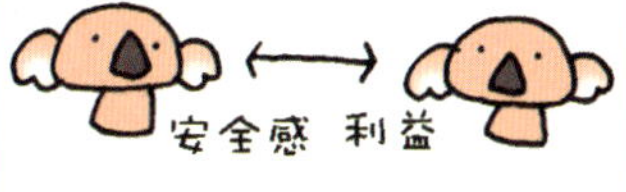

2

讨厌的人则多和我们价值观、思维方式相异，他们让我们感到不快，还可能给我们造成损失。

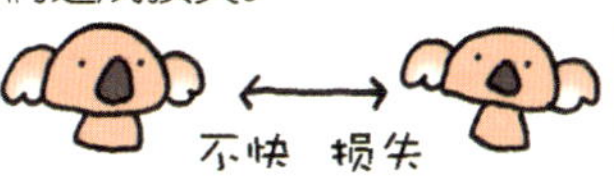

3

4

5

6

靠近的因素

人与人之间的物理距离和心理距离成正比。心理学家费斯廷格曾经利用学生宿舍进行过一项调查，结果发现，房间相邻的室友最容易成为朋友。而房间相隔较远的人，朋友关系比较淡薄。这说明，物理距离近的人，更容易成为朋友。

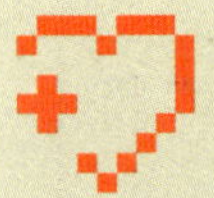

人际纠纷的种类

~利害纠纷、认知纠纷、规范纠纷~

有时，虽然我们尽力去维护与他人的关系，而且用尽各种方式方法，可结果收效不佳，搞不好还会发展到对立的地步，这是为什么呢？就表面原因来说，大多是因为话不投机或看不惯对方的行为。在心理学上，将人与人之间的对立和纷争称为“人际纠纷”。

人际纠纷主要分为利害纠纷、认知纠纷和规范纠纷三种。利害纠纷是指人们因为愿望、期待、要求等的不同而产生的纠纷，例如遗产分配时，亲人之间发生的纠纷。简单地说，就是当自己所追求的目标受到别人的干扰、威胁时，我们与之产生的纠纷。认知纠纷是因想法、意见不统一而产生的纠纷。规范纠纷则是因伦理观、道德观发生冲突而产生的纠纷。例如邻里之间因噪音问题而发生的争吵，就是因为他们在道德观上的差异而发生的对立。实际上，人际纠纷往往并不单纯是一种类型的纠纷，而是多种类型的复合体。例如，夫妻对孩子的教育方式存在分歧，在此问题上会产生认知纠纷，如果某一方出言不逊的话，就又造成了规范纠纷。

那我们该如何解决人际纠纷呢？是想办法说服对方，还是委曲求全，先进行妥协？其实，在很多情况下，可以有让双方都满意的解决纠纷的办法。

虽说解决人际纠纷不是一件简单的事情，但只要抱有解决问题的决心，采取积极的态度，就能让人与人之间的矛盾缓和下来。当对方看到我们积极的姿态后，自然也会采取同样的态度一起来解决问题。然而，如果让对方感觉到我们只考虑自己的利益，那么，他将采取回避甚至对立的态度。这样一来，纠纷怎么能得到解决呢？

在人际交往中，我们难免会陷入一些是非争辩之中，处理不好还会造成人际纠纷。为了防止发生人际纠纷，在讨论是非问题时，我们首先应该采取一种积极的、愿意沟通的态度，这样更利于创造和谐的讨论气氛和达成意见的协调统一。

1

人与人之间的对立、纷争，主要分为三种类型。

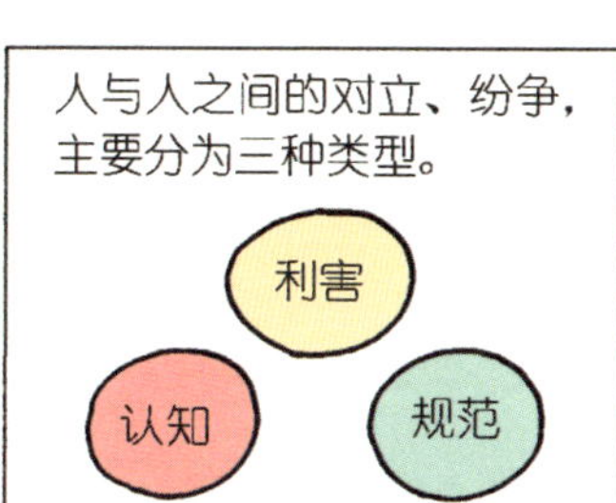

2

当人的期待、愿望、要求等存在差异时，容易发生利害纠纷。

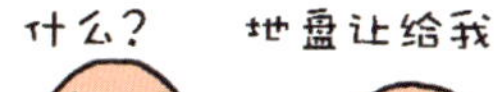

3

认知纠纷是意见、想法、见解难以达成一致时发生的纠纷。

4

规范纠纷则是伦理观、道德观不同时，发生的纠纷。

5

看到我们采取“建设性的态度”，对方也会以同样的态度来解决问题。

6

回避纠纷的国民性

曾有研究人员就解决纠纷的态度分别对美国和日本学生进行了调查。对比调查的结果发现，美国学生中，有三分之二的人面对纠纷时会坚持自己的要求，采取直接面对纠纷的态度。而四分之三的日本学生则表现出回避纠纷或者对对方的要求全面妥协的态度。

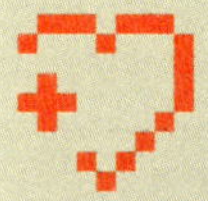

与“麻烦人士”打交道的方法（1）

～喜欢自我吹嘘的人～

对于公司职员来说，最痛苦的事情莫过于职场上有“麻烦人士”，而自己还必须经常和他们打交道。同事、上司、客户中，都可能潜藏着“奇怪的人”。在这里，我给您介绍一些相应的心理学知识，帮您理解“麻烦人士”的心理，以便更好地和他们相处。

“我年轻的时候，销售业绩经常名列前茅，好多次受到公司嘉奖呢”“那个明星××是我的朋友”……有些人喜欢吹嘘自己，而且经常吹嘘，关键是每次吹嘘的内容都一样。这对听者来说，真是一种折磨。可是，为什么这些人总要自我吹嘘呢？

经常自我吹嘘的人，其实是想借此得到别人的认可，受到别人的赞美。人都有一种“自尊感情”，即认为自己有价值的感情。自尊感情高的人，知道自身的价值所在，所以不会受到别人评论的左右。因此，不管别人如何评论自己，他们都会一笑了之和宽容面对。喜欢自我吹嘘的人，则是自尊感情低的人。如果听不到别人说自己有价值，他们就认为自己一无是处。而为了让自己认可自己，他们就得先让别人认可自己，于是便开始夸大和美化自己，在众人面前不断进行自我吹嘘。

与这种人交往，要经常对他们的言论表达惊讶，例如“哇！你真厉害”“真的吗？太了不起了”等。他们就希望看到我们这样的反应。

不管怎么说，这样的人就是想得到别人的认可，那我们就满足他们好了。反正赞美之言、感动之词对我们来说也不花什么成本，还能让别人开心，何乐而不为呢？尽管我们了解了他们的心理，也愿意满足他们，可当反复听到他们抓住一件事情使劲吹嘘时，未免也会感到无法忍受。此时，只是“嗯、嗯”地随声附和就可以了。

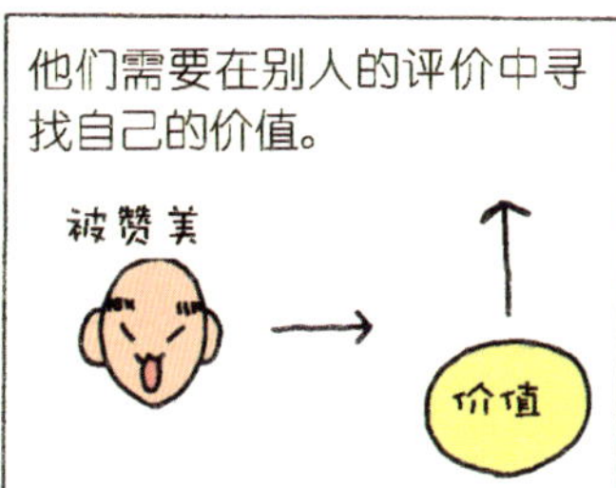

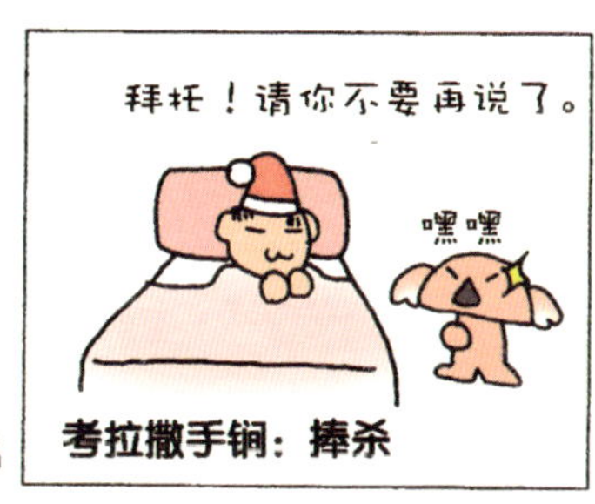

自尊感情

感觉到自己有价值的一种感情，就是“自尊感情”，也叫“自尊心”。因为具有自尊感情，人才会感到满足感，才敢于积极地去尝试和积累各种经验，才会宽容地对待自己和他人。不过，自尊心强，不同于自傲或自负。

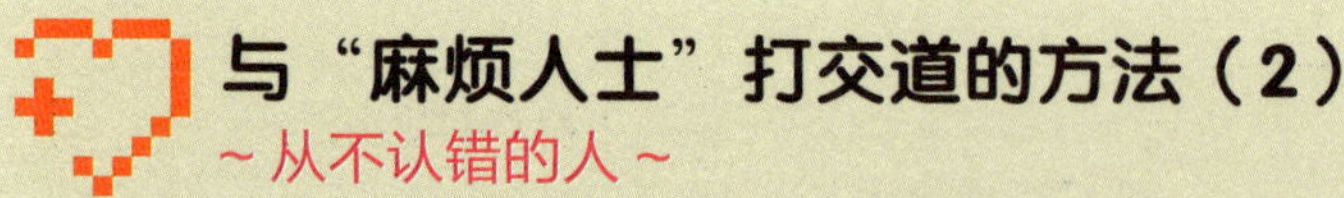

与“麻烦人士”打交道的方法（2）

～从不认错的人～

在我们身边还有一种“麻烦人士”，就是从不认错的人。“不是我回答错了，而是这个问题提得不好”“这次不是我的错，是运气不好”……这是他们经常挂在嘴边的话。如果他们走路不小心，踢翻了路边的垃圾桶，不仅不会把垃圾桶扶起来，还会大骂一通：“谁把垃圾桶摆在马路中间了？！”而垃圾桶明明就是在路边的。

如果在职场或学校遇到这样的人，那真是非常糟糕的一件事。从心理学上讲，这种人属于“心理防卫机制”过强的类型。他们不喜欢失败、尴尬等一切不快的感觉，所以他们会无意中寻找各种各样的理由为自己辩解，这是一种自我防卫。在防卫机制中，有一种叫作“合理化”的辩解方式，即找一些看似合理的理由，将自己的行为合理化、正当化。这种人一般都具有较高的精英意识，即自己认为自己是精英，但实际上并没有那个能力。

此外，虽然他们知道自己的缺点，却装作没看见的样子，把自己的缺点或问题“掩盖”起来。不认错的人，常因能力问题而遭受失败，但他们总会找各种理由如“运气太差”来掩盖失败的真正原因。其实，这就是典型的自欺欺人，他们不外乎是为了让自己心里好过一点儿。对于这种人，我们不能直接指出他的错误之处，更要避免在众人面前指责他、让他难堪。

如果上司或公司老职员中有这样的人，我们更不要当面指出他的错误，而是要尽量多倾听，提出一些具有建设性的意见。如果部下或新进职员中有这样的人，对于他们的错误，最好也不要当面指责，而是隔一段时间用提建议的方式告诉他们：“如果这样做的话，就可以防止……”。

其实，在很多情况下，只要人能够冷静下来，就会意识到并承认自己的错误。

1

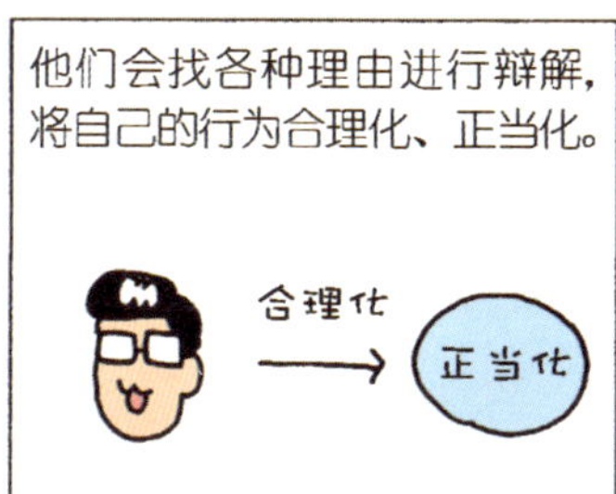

2

3

4

5

6

心理防卫机制／合理化

人会找各种理由为自己的行为进行辩解，使之合理化。其实，这是一种心理防卫机制。著名的“酸葡萄理论”说的就是这种心理防卫机制。有一只狐狸饥饿难耐，它看到葡萄架上挂满了葡萄，于是跳起来去摘，可是无论如何也够不到，结果只得放弃。但临走时它说了一句：“那葡萄肯定是酸的。”对于得不到的东西，人们往往会给它不正当的甚至贬低的评价。

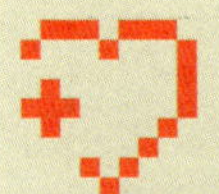

与“麻烦人士”打交道的方法（3）
~ 总是推卸责任的人 ~

不愿意承认错误的人，如果进一步朝不良方向发展的话，就有可能变成总是推卸责任的人，即总把失败的责任推到别人身上。“这次失败不是我的原因啦，因为团队里有他才会这样，都是他的责任。”像这样，强词夺理是他们的强项。这种类型的人，最恶劣的地方在于，不管失败的大小，他们都会想方设法把自身的责任推卸到别人身上。我真想对他们说：“有这么大的本事推卸责任，还不如把本事用来做好事情。”

这种人的行为，属于“心理防卫机制”中的“投射”行为。他们把自己的失败归咎于其他原因，借此将责任转嫁出去。此外，他们还会把压抑的感情转移到别人身上，特别是比他们弱小的人，更容易成为他们转移感情的目标。例如，学生在学校受到老师的批评，心里很不高兴，但又不敢将怨气向老师发泄，于是便回家冲家人发脾气。

如果您身边有这种类型的“麻烦人士”，最好的相处方式就是不要与他们发生太多联系。面对这种类型的上司，有的人怕上司迁怒于自己，就开始阿谀奉承，并说别人的坏话（例如“都是他的错”），企图把上司的视线转移到其他人身上以求自保。这样做非常不好，而如果上司还吃这套的话，就等于助长了员工推卸责任的“嚣张气焰”。首先，我们应该理解这种人的心理，并采取冷静的态度对待他们推卸责任的行为。这种类型的人大多不善于理性思考，所以不要去给他们讲道理，没有用。此外，即使他们把矛头指向自己，我们也不要在感情上与其对立。就当他们是在无故发火，敷衍过去就算了。等他们冷静下来后，再向他们表达自己的看法，并采取一种建设性的态度帮助他们解决问题。

1

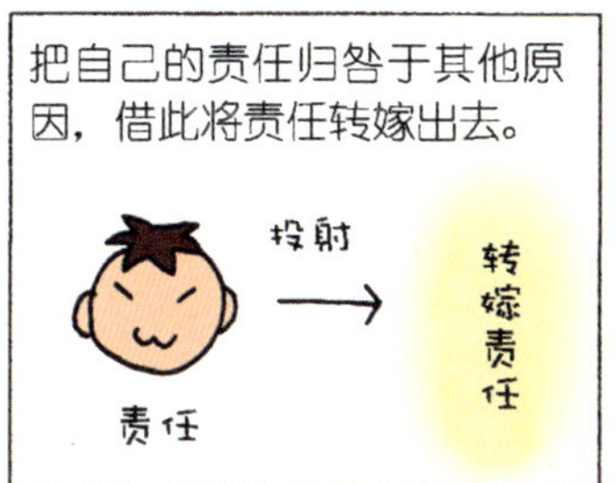

2

3

4

5

6

心理防卫机制／投射（投影）

将自己的责任转嫁给他人的心理，其实是一种叫作“投射”的心理防卫机制。此外，人们对于自己心中存在却不愿承认的某种感情，也会在脑海中强加给别人。例如，当我们讨厌某人时，并不愿承认自己讨厌他，却会推测对方是讨厌自己的。而这样一来，自己讨厌对方的感情就被合理化了。

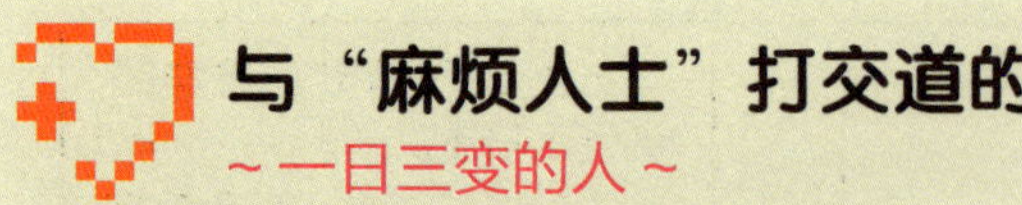

与“麻烦人士”打交道的方法（4）

~一日三变的人~

遇到接下来要说的这类人，会让我们非常头痛。

昨天他告诉我们做一件事，等我们做完后，今天他又说我们做的完全不对。这类人的态度随心情而变，心情好时一个样，心情糟糕时又是另外一个样，让人完全猜不透。现实中，就有不少这种想法随心所欲、且极易受感情支配的人。

职场中的上司如果属于这种类型，我们就只能自求多福了，因为他们每天都会把部下“耍”得团团转。这类人大多思维敏捷，瞬间就能产生很多想法，而且他们大多认为自己非常聪明。他们会从自己想出的各种方案中选出最佳的一种，然后指示下属去做，并陶醉于这个过程之中，认为自己领导力非凡。可是，在大多数情况下，他们的指示都缺乏一贯性。有些中小企业，特别是在经营者只有一个人的情况下，经常会出现一日三变的“独裁者”。这样的上司喜欢顺从的部下，但如果部下一味顺从、完全按照他的指示去做的话，就会被“耍得团团转”。除了辛苦之外，部下还会满腹怨气，并成为导致精神紧张的根源。此外，这样的上司还喜欢“yesman”，但反过来他们又嫌“yesman”提不出好的意见。

与这样的上司打交道时，协调与平衡非常重要。首先，为了让他们高兴，一些客套话是必不可少的，因为这样的上司都喜欢让自己高兴的人。不过，光让他们高兴还不够。然后，还要对工作报告或提案进行理论性的说明。说明时，要做到论据充分、条理清晰，关键是理论性一定要强，最好高深莫测一点。一日三变的上司一般理论思考的能力比较欠缺。对于自己缺乏的能力，人会不自觉地追求，这叫作“互补性法则”。对于具备这种能力的人，上司会非常尊重。而感情上能让自己高兴、工作上又具备自己所缺乏的能力的部下，会最受这类上司的喜欢，并且对他们另眼相看。更重要的是，这样一来部下就有机会说服上司发出正确指令了。

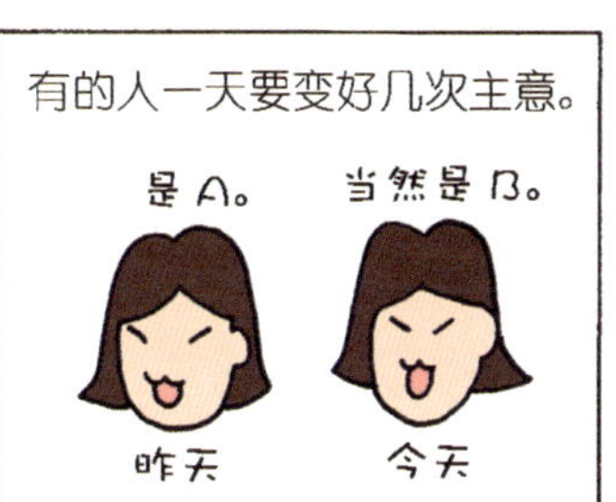

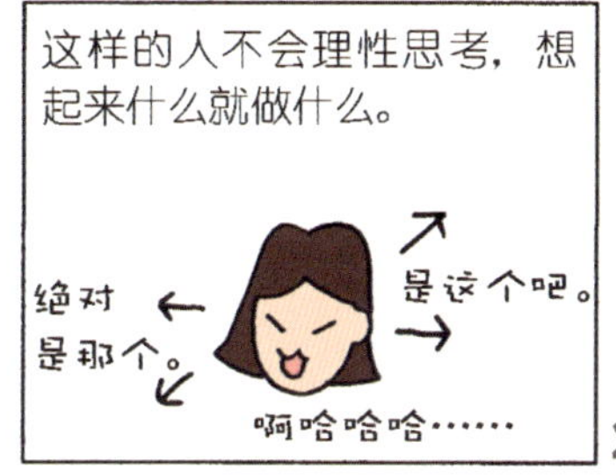

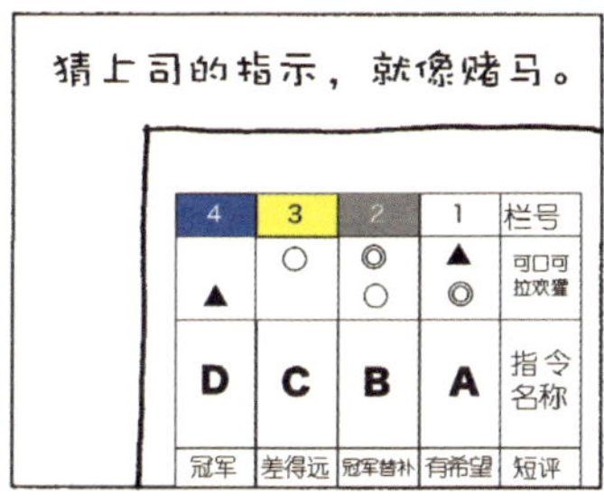

人容易对与自己相似的人产生好感，这叫作“相似性法则”。同时，人还有另外一种心理，会喜欢与自己正好相反的人。因为对方能弥补我们身上所欠缺的东西，这会让我们感到安心和满足。特别是对于工作伙伴和终身伴侣来说，两个人之间的互补性是非常重要的。

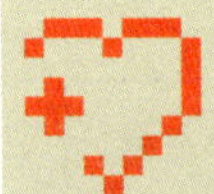

与“麻烦人士”打交道的方法（5）

~ 生理性令人讨厌的人 ~

除了前面讲过的那些令人“讨厌”的人之外，我们的生活中还会出现一些“生理性令人讨厌”的人。实际上，这些人并不会给我们造成什么危害，而且要让我们说“为什么讨厌他们”，我们自己也找不出讨厌的理由。那么，所谓的“生理性令人讨厌”的人到底是哪里令人讨厌呢？

对于这种“生理性令人讨厌”的人，我们甚至懒得去追究讨厌他们的理由，因此索性用“生理性”这种含混、暧昧的词进行表达。或者说，这是讨厌对方外表时的一种婉转的表达方式。

如果因为外表而讨厌一个人的话，确实不太好意思说出口，因为毕竟长得丑并不是人家的错，而且长相也不是自己能够选择的。此外，“生理性令人讨厌”，还可能是因为感觉到自己身上也存在对方令人讨厌的地方。换句话说，就是对方把我们自己讨厌自己的地方展示出来了。对于这样的人，如果非要追究我们讨厌他的原因，最终很可能发现那些原因也存在于自己身上。为了不牵扯到自身的问题，我们便会放弃继续思考，企图用“生理性”这个暧昧的表达方式蒙混过关。实际上，这也是我们自我心理防卫机制的一种。

那么，面对“生理性令人讨厌”的人，我们该如何与他们相处呢？其实，只要冷静地看待对方身上那些令人讨厌的问题即可。

首先，要尽量多列举对方身上的特征，不论缺点优点均可。也许您会意外地发现，竟然能列举出如此多的条目。而且，除了令人讨厌的地方之外，竟然有很多特征也是自己身上所具有的。发现了共同点后，人与人之间的距离自然就会拉近。然后，就要鼓起勇气进行自我展示，借此打开对方的心扉。在现实生活中，人们和自己“生理性讨厌”的人，最终往往能成为好朋友，因为实际上两人是同一种类型的人。

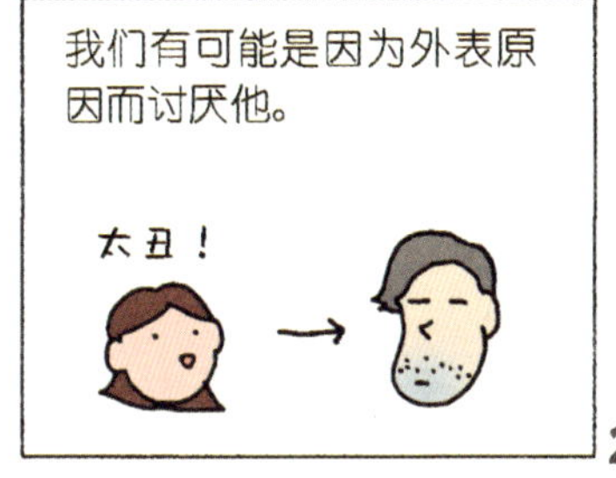

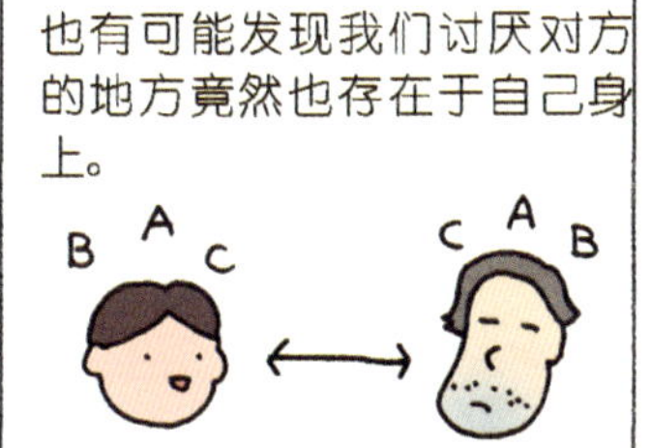

与自己讨厌的人如何相处

每个人都有自己喜欢的人，也有讨厌的人，这是很正常的一件事。有些人会勉强自己与讨厌的人改善关系，但结果往往不太理想。还有的人知道应该多看对方身上的优点，可不管怎么努力就是没法喜欢上对方。所以，和自己讨厌的人相处的良策是先看透对方身上的优缺点，然后保持适当的距离正常交往，并寻找改善关系的机会，万不可操之过急。

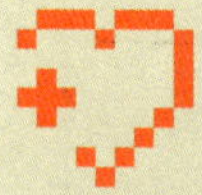

当感觉别人讨厌自己的时候

~ 这是一种很自然的感觉，任何人都有 ~

在职场或学校中，对某些人我们没有明显的好感，对某些人甚至感到厌恶。于是，也常常会想："别人是不是也讨厌我呢？"严重的，甚至会产生恐惧的心理，一想到别人讨厌自己，就像自己已经陷入了孤立，会感到特别无助。那么，我们为什么会感觉别人讨厌自己呢？这是因为我们发现了自己身上存在着可能会遭别人讨厌的地方。就其程度而言，既有明确认识到的缺点，也有隐隐感知到却尚不明确的地方。在后者中，也有我们完全没有察觉到的东西，也许只能反映在潜意识中。

曾有研究人员以220名大学生为对象进行过一项调查，调查的主题是"你认为自己遭人讨厌的侧面"。结果，有75%以上的学生能感觉到自己的"态度"、"性格"或"表情"等会引起别人的不快。也就是说，有很多人在平时能够意识到自己的"态度"、"性格"或"表情"等遭到了别人的讨厌。

此外，人还有一种有趣的感觉，叫作"自我泄露感"。有时，虽然我们没和对方说一句话，但还是担心自己心中的消极想法会泄露给对方，并由此产生恐惧感。这并不是一种单纯的妄想，而是因为担心"如果对方读懂了我的心，该怎么办"。

当我们感觉自己可能会遭到别人讨厌的时候，与其对别人采取行动以期改变他们对自己的看法，不如先找到自身遭人讨厌的地方加以改正更现实一些。不过，也没有必要过分追究自身的原因。因为遭别人讨厌，也并不一定都是自己的错。而且，这是一种很自然的感觉，任何人都有。所以，没有必要为此惶惶不可终日。

1

认为自己遭人讨厌的感觉，

也许他们都讨厌我。

2

任何人都有，是一种很自然的感觉。其实，别人可能并没有真的讨厌我们。

那就好！

3

只要发现并改正自身可能遭人讨厌的地方即可。

好嘞！我会努力的！

4

5

怎样进一步给人留下好印象呢？

嗯……
有了！

6

自我泄露感

有时，即使我们不说话，也会担心自己的想法被别人看透，还会预想可能产生的消极结果。例如，当我们和自己不喜欢的人谈话时，生怕自己的态度、眼神等让对方觉察出我们对他的厌恶感。此外，很多人小时候都会惧怕自己的母亲，因为母亲太了解自己，所以孩子们总是担心母亲会看穿自己的小心思。

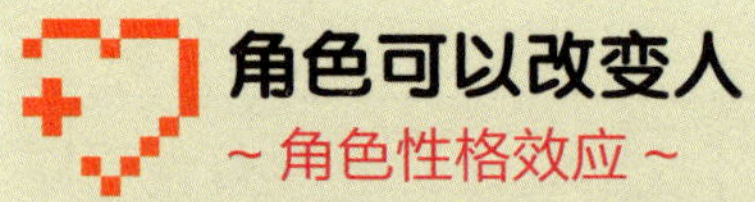

角色可以改变人

~角色性格效应~

以前和我们关系很好的同事或老职员，一旦“升官”之后，性格似乎也随之发生了巨大的改变。虽然平时还是一样嘻嘻哈哈的样子，可一旦谈到工作，他们就立刻变得严肃起来，甚至露出一副盛气凌人的领导派头，让我们这些“老朋友”难以接受。也许我们会认为他们当了领导之后，想出人头地的欲望更加强烈了，才会变成现在的样子。其实不然，是一种心理效应改变了他们的性格，心理学上称之为“角色性格”。

学生就该有个学生样，刚进入社会的新人就该谦虚谨慎，当了领导之后就该有领导的派头……每个人都会努力“扮演”好社会赋予自己的角色。人终日会给自己“我应该这样”的心理暗示，而且慢慢地就会变成“我不这样做不行”。结果，便演绎出与本来性格完全不同的另外一种性格。

角色性格这种心理效应的作用非常强大，有不少人在被赋予角色的同时，性格立刻就发生了改变。而且，角色性格还会“习惯化”。在某些人身上，角色性格甚至会渗入其本来的性格，让人忘记了自己原本的性格。越是认真的人，越容易“进入角色”，因此原本的性格也更容易被角色性格所掩盖。例如，有些人在公司担任领导职务，出于工作需要每天要对下属发号施令，而他们回家之后依然无法“走出角色”，对自己的老婆孩子也经常使用命令的语气说话。这就是角色性格产生负面效应的例子。

不过，角色性格有时也会产生正面效应。比如，有的人被赋予新角色后，发现了自己全新的一面，或者激发出了潜能。这样的角色性格，让他们对工作产生责任感，开阔了视野，增强了自信心。

不管怎么说，角色性格究竟会产生好结果还是坏结果，还是要看本人自我认知的能力以及对待角色的态度。

1

美国心理学者曾经对 21 个人进行过一项心理实验。

2

在一个模拟监狱中，让 21 名实验人员分别扮演囚犯和看守。

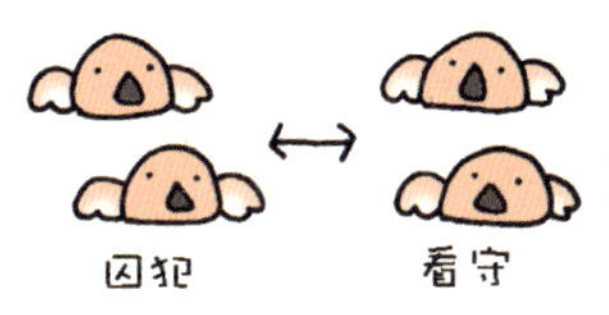

3

最初，参加实验的人都觉得这个模拟监狱的主意很好玩……

4

可是，没过多久，看守变得很暴力，并开始攻击囚犯。

5

看到这个实验的危险性，心理学者于第六天终止了实验。

6

可是，有个扮演囚犯的实验者回家后，他发现家里的情况并不比监狱好……

角色性格

美国斯坦福大学心理学研究者设置了一个模拟监狱，并让参加实验的人分别扮演囚犯和看守，以观察角色与行为之间的关系。实验开始后不久，被赋予权力的看守们开始失去理性，变得充满暴力。结果证明，角色可以改变人的性格，而且与本来的性格无关。当看到实验的危险性后，心理学者不得不在第六天终止了实验。

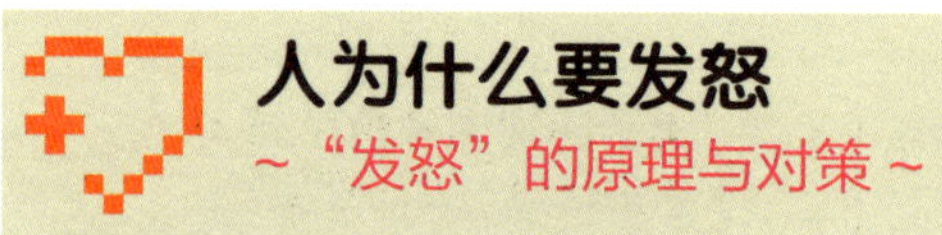

人为什么要发怒

~“发怒”的原理与对策~

在人际关系中，有很多感情是令人难以理解的，其中之一就是“发怒”“生气”。“怒气”到底是从何而生的呢？

在生活中，我们会对人的行为和事情的结果进行一定程度的预测。然而，当现实与我们“期待”的结果不同时，我们就会感到“不安”。由“不安”引起的防御反应、警告反应就会以“发怒”的形式表现出来。例如，我请秘书帮忙复印一份文件，并预测不久之后她就会复印好给我送来。可是，等了半个小时她还没有把文件送来。当现实与自己预期的结果不一致时，人就会产生焦躁不安的情绪，于是我就在想：“她是不是把我交给她的工作忘记了？”当我的防御反应进一步升级之后，就会进入发怒状态，甚至开口大骂：“她到底在干什么？”从这个过程中，我们可以看出，怒气是当现实与期待不一致时，我们产生的一种感情。

而且，面对使我们发怒的人，如果不能对情绪加以控制的话，很容易出现过激行为，以致破坏人际关系。为了避免这种情况的出现，我们首先要学会面对自己的怒气，找出发怒的原因，并在一定程度上对自己的情绪加以控制。否则，因为自己一时冲动就破坏了好不容易建立起来的人际关系，事后将追悔莫及。

此外，在某些情况下，我们有必要在社会规范的限制之内，采取适当的形式将自己的怒气传达给对方，令其调整行为，不要再继续让我们生气。其实，很多时候对方并不是故意要让我们生气的，只是没有意识到其行为的危害性。经过我们的提醒，他们大多会马上停止不正当的行为。

最后，再来讲讲如何平息心中的怒火。可以“找第三者谈谈，把心中的不平向其倾诉”，“为对方的不正当言行想象一个合理的理由，宽容他”“尽量不去想，忘记让自己生气的事情”等，这些都是不错的方法。

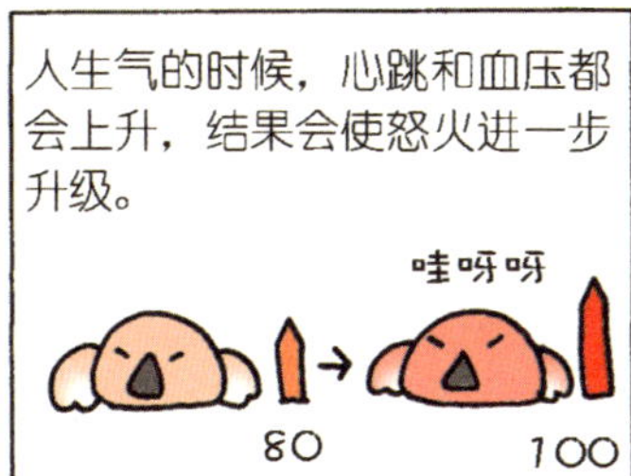

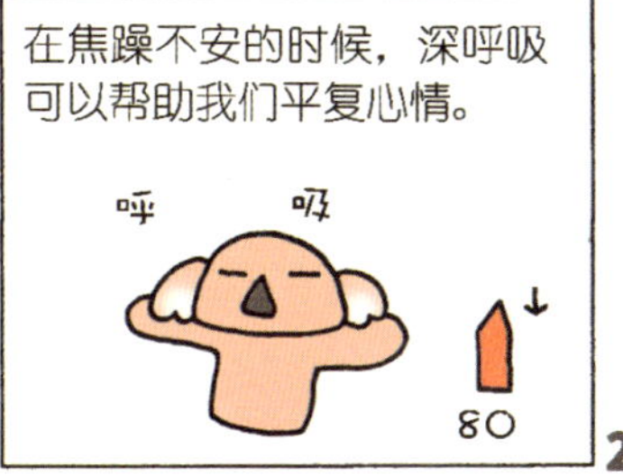

逢年过节容易吵架的原因

逢年过节，特别是有庆祝活动的时候，青年男子争吵得面红耳赤甚至大打出手的场面可能并不稀奇。因为逢年过节时或在庆祝活动中，人们欢快、兴奋的情绪能够为怒气的滋生起到推波助澜的作用。有心理实验证明，人在剧烈运动之后，会变得非常兴奋，同时也变得具有攻击性。足球流氓具有攻击性，也是因为这个原因。

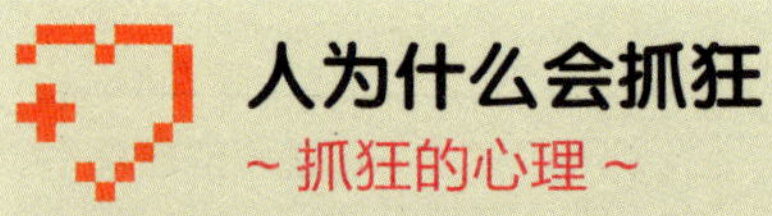

人为什么会抓狂

~ 抓狂的心理 ~

想要和他人建立良好、稳定的人际关系，“发怒”是大敌。因此，我们有必要学会控制自己的情绪，不让怒气冲昏头脑。但是最近，无法控制自己的怒气，经常“抓狂”的人越来越多。

发怒，是当现实与自己的预期不一致时，人产生的不安情绪，或者是想要消除威胁的一种防卫反应。而且，发怒也分为几个阶段，开始时也许只是感觉“不高兴”，这是一种轻微程度的生气；再发展就变成“焦躁不安”的中等程度发怒；最后，“全身血液都涌到头顶上来”，就变成了怒不可遏。

发怒就像吹气球一样，如果已经愤怒到极点，再继续“吹气”的话，人的情绪就会“爆炸”，这种状态就叫作“抓狂”。最近，人们越来越容易抓狂。我认为原因之一是人们的“挫折耐性”越来越少，越来越不会忍耐。

研究人员认为，这个问题的根源其实来自于现代人不善于恰当地表达自己的主张。结果，在各种各样的社会环境中，平日产生的不满、怨气会一直积压在心里。当不满越积越多，愤怒的气球也就越吹越大。现在很多人都抱着随时可能爆炸的气球在生活着，即生活在抓狂的边缘。

面对自己的愤怒，情绪控制高手的做法是不让它积压在心里。当愤怒还处于轻度或中度的阶段，就想办法将其发散出去是非常重要的。同样的道理，对待别人的愤怒，只是一句简单的劝慰“别那么生气了”，可能起不到什么作用。帮别人排解怒气的最佳方法是倾听，只要把话说出来，人的愤怒就会在轻度发作的过程中排解出去。要记住，不要等到怒不可遏的时候再去想办法排解愤怒，因为愤怒的等级越高，排解起来就越困难。

挫折耐性

挫折耐性，是指当人陷入挫折或欲求不满的状态中时，能够忍耐并采取现实可行的应对方法的能力。研究人员认为，这种能力是人在幼儿时期反复训练获得的。另外，对于某些人来说，当愤怒超过了他们的挫折耐性之后，也许就不会出现抓狂的状态，而是采用逃避现实或幼儿化的方法逃避愤怒的情绪。

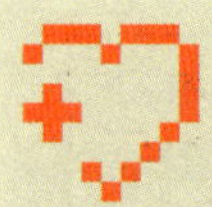

不愿倾听的男人，不受女性欢迎

~缓解精神紧张的方法男女有别~

精神压力在我们的工作、生活中无处不在，但是，我们不能任由其在心中积聚，要想办法将它发泄出去。每个人都有自己缓解精神紧张的方法，比如运动、看电影、找人聊天、逛街购物等等。缓解精神紧张的方法个人差异比较明显，这是研究人员早就发现的问题。然而，男女缓解精神紧张的方法也存在差异，则是心理学者在最新的研究中得出的结论。

“谈话”，被认为是一种发泄精神压力的好方法，但是男女使用“谈话”的方式有所不同。

就女性而言，平日里的想法或不满都会通过谈话、聊天的方式向别人传达或宣泄。通过和别人聊天，女性可以感受到自己和别人存在着联系，自己的感情也得到了传达，从而获得安心感和满足感。对于家庭主妇来说，找人聊天显得尤为重要，因为平日里她们一心在家操持家务，没有什么社交圈子可言。因此，丈夫应给予家庭主妇更多的关心，至少要经常陪她们聊天。否则，妻子会因精神紧张、不满等负面情绪长期在心中积压，对身心都产生危害。

另一方面，男性大多只把谈话当作解决问题的一种工具或传达思想的方法。因此，如果没有什么问题需要解决或没有重要事情的话要交谈，男性一般不倾向于积极主动地找人聊天。因此，夫妇之间谈话减少了，并不是因为爱情变淡了，而大多是由于男女对谈话的理解不同，通过谈话达到的目的也不同的缘故。为了让妻子知道自己在关心她，为了维持良好的夫妻关系，丈夫应该多和妻子聊天，不能以“我很忙”“没什么要紧事就算了吧”等理由拒绝、逃避和妻子的交流。

娱乐圈里的离婚率很高，一个重要的原因就是艺人都很忙，夫妻之间交流的机会比较少。

此外，男性把谈话当成是解决问题的工具，所以每当听到妻子发牢骚式的聊天时，都会给予一些生活上的建议。然而，这并不一定是妻子想要的。当然，有时妻子的确需要丈夫的恳切意见，但大多数时候，丈夫只要倾听就足够了。

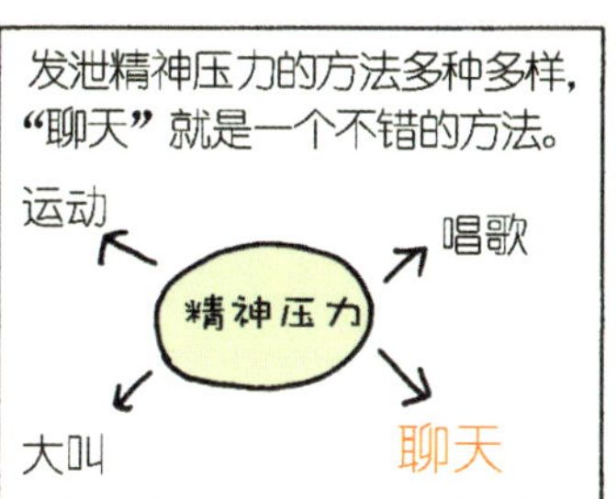

男性和女性聊天时，如果女性没有特意征求意见的意思，那么，男性只是倾听就足够了。

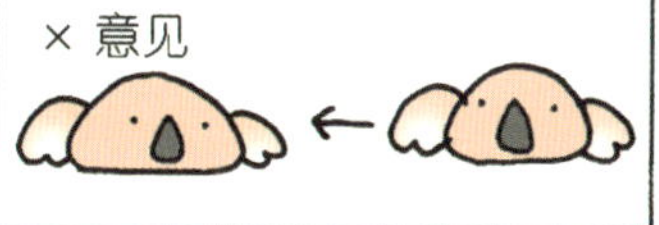

通过谈话发泄精神压力的注意事项

通过谈话发泄精神压力是个不错的方法，不过要注意说话的方式。例如，夫妻之间谈话时，因为丈夫爱忘事，妻子很不满，于是想通过谈话抱怨两句，发泄心中的怨气。“我很生气！”这样的抱怨话可以说，但不能说“你怎么总是这样没头没脑”之类的批评话。牢骚和批评是有着天壤之别的，批评是否定对方，会使夫妻之间的关系恶化。

眼泪是疗伤的良药

~ 通过流泪缓解精神紧张 ~

说到发泄精神压力的方法，谈话、聊天是不错的选择。不过，除此之外还有一种良药，那就是眼泪。换句话说，哭泣也是我们人体自我保护的一种机制。人在开心时会喜极而泣，而在悲伤时会痛哭流涕。开心和悲伤，这两种感情都会刺激人的自律神经，使其进入兴奋状态，进而流出眼泪。

哭泣这种行为，实际上和缓解精神紧张存在着密切的关系。可能每个朋友都有过这样的亲身体会：当我们大哭过后，会感觉很轻松。因为通过流泪的形式，我们将造成精神紧张的“物质”排出了体外。对日本人而言，不太善于直接用哭泣的形式来表达感情。这也正是日本人不善于控制紧张情绪的原因之一。所以，我劝那些过于“坚强”的朋友，实在太难过的时候，还是要哭出来，把“毒素”排出体外，这对身心都有好处。特别是当人悔恨的时候，哭泣对于发泄精神压力、恢复心情，效果非常显著。

威廉姆·H. 弗雷二世博士认为女性哭泣的理由有 50% 是因为“悲伤”，20% 是因为“喜悦”，10% 是因为“愤怒”。

与男性相比，女性更容易哭泣流泪，这是由男女感情构造的差异造成的，而并不是因为女性更脆弱。所以，女性完全没有必要因为自己爱哭而感到自卑。

有不少职业女性和男性一样在职场上拼搏，她们和男人们做着同样的工作、承受着同样甚至更大的压力。在一部分女强人眼中，“哭泣是软弱、脆弱的代名词”，因此她们不允许自己哭。其实，这会让她们承受更大的压力。哭泣是缓解精神压力、缓和紧张情绪的重要渠道，也是为感情疗伤的良药，哭泣与精神上的坚强与脆弱并没有关系。因此，我们不能强迫自己不哭，而且要多哭。比别人多流两倍的泪水，再多干两倍的工作。

1

哭泣也是缓解精神紧张的好方法。

2

因为哭泣可以把造成精神紧张的“物质”通过泪水排出体外。

3

有不少人对哭泣怀有抵触情绪……

4

5

6

眼泪的成分

您知道吗？眼泪的成分是会变化的。哭泣时的感情不同，流出的眼泪成分也不同。因愤怒而流出的眼泪，水分含量少，盐分含量多，因此相对较咸。而因悲伤哭泣，像断线珍珠一样流个不停的泪水，则水分较多，盐分浓度较低，因此几乎没什么咸味。

第七章

了解对方心思、传达自己意图的心理学

现代人，除了用语言之外，不太擅长用其他方式进行交流、沟通。在本章中，将为读者朋友们介绍除了语言之外了解他人心情、想法的渠道。希望能对您的人际交往有所帮助。

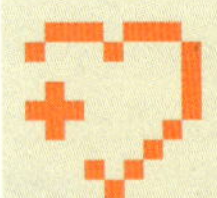

非语言交流的重要性

~通过表情、动作等，读取对方的心~

语言是人类交流的重要工具，不过，除了语言之外，我们还可以通过别人的面部表情、眼神、肢体动作等大体判断出他们在想什么。比如，“那个人肯定是口是心非”，这是我们经常听到的一句话，而这句话正说明除了语言之外，我们还会通过其他手段判断人的真实心理。使用语言以外的手段进行交流，叫作“非语言交流”（nonverbal communication），不过遗憾的是，现代人越来越不善于进行非语言交流了。看不懂别人表情、动作的人，越来越多。

换句话说，只能通过语言理解他人，甚至对语言“过敏”的人越来越多。由于他们对语言非常敏感，别人有心无心的话时常会令他们受伤。

有人认为语言是一种非常方便的交流工具，其实并不完全如此。并不是所有人都对语言有精准的把握，也不是所有人都能将自己心里所想用语言准确、完美地表达出来，况且并非人人都愿意把心里话全都说出来。因此，想要和周围的人建立良好的人际关系，不能只依赖于语言，还要通过其他方式揣摩对方的想法和感情。

在日常的交流过程中，人都愿意尽量使用语言来表达自己的想法，而很少有人会主动控制自己的表情和动作。实际上，表情、动作和语言同等重要，包含着很多信息，也能传达出很多信息。很多心理学者都通过实验证明了这一点。

美国心理学者艾伯特·麦拉宾曾做过一项心理实验，目的是探索当从对方的态度、言行中获得的信息存在矛盾时，我们将根据什么标准来判断对方的真实意图。麦拉宾将实验结果公式化，形成“麦拉宾法则”。根据这个法则我们发现，与说话的内容相比，人的表情更重要。

然而，现代人的这种能力正在退化，很多人无法从表情中读取对方的心思。

麦拉宾法则

当人从对方的表情、态度、言行中获得的信息存在自相矛盾的地方时，人会根据什么标准进行判断呢？麦拉宾发现，人根据谈话内容、言辞含义获得的信息占 7%，音量、语调等听觉信息占 38%，表情、动作、态度等视觉信息占 55%。因此，“麦拉宾法则”也称为“7-38-55 法则”。不过，这个结果只限于“所有信息都是可解释的信息”的情况，单凭数值就说视觉信息最重要，也不准确。

非语言交流的发展过程

~婴儿的学习方法~

人是如何学会非语言交流的呢？这要从我们的成长过程说起。

人刚出生时，不会说话。那么，“肚子饿了”“尿片湿了”等信息如何传达给大人呢？当然就是哭。而且，母亲对婴儿表达“不快感情”的信息非常敏感。收到信息后，会马上满足婴儿的需求。

此外，婴儿在很小的时候，有一段时期是根本无法理解语言含义的。尽管如此，婴儿也可以从妈妈的态度和表情中学习到什么是高兴、什么是生气、什么是允许的、什么是禁止的等。因此可以说，人类的非语言交流能力是与生俱来的。随着婴幼儿慢慢掌握了语言能力，他们交流的对象开始扩大，从自己的妈妈到其他亲人，再到周围的人。不过，语言并不是单纯靠听就能学会的，即使是母语也不是单纯听会的。如果只让宝宝听录音机，他们很难记住录音机中播放的语言，因为这无异于“死记硬背”。只有在感受到开心、悲伤、喜欢、厌恶等表情的同时再听到相应的语言，才能让宝宝更快学会与人交流。换句话说，就是语言交流和非语言交流要同时学习。

婴幼儿很喜欢模仿大人说话，而且大人用笑脸逗孩子的话，孩子也会露出笑脸，这是因为人的大脑中有一种名为镜像神经元的神经细胞（请参见本书第182页）。人会根据别人的动作推测对方的感受，然后自己也做出同样的动作，借此让自己拥有和对方一样的感受，这也是一种同调行为。科学家通过研究发现，在我们语言交流和非语言交流能力的发展过程中，镜像神经元起着非常重要的作用。

妈妈能通过宝宝微妙的表情变化和动作判断出孩子的感受。

1

宝宝也会根据妈妈的表情和语言学习与人交流。

2

用微笑回报微笑，让宝宝理解什么是快乐。

3

妈妈哭泣的表情会让宝宝理解什么是悲伤。

4

用昂扬的斗志让宝宝学会奋斗……

嗯！

加油！

5

喂！不要教我家宝宝奇怪的事情。

6

婴儿的语言发展

婴儿在学习非语言交流的过程中，同时也在学习语言交流。出生四天的婴儿便可以用耳朵从众多女性的说话声中分辨出自己妈妈的声音。婴儿经常发出的“吧卜吧卜”声，其实这也是一种具有含义的语言，而且与语言学习存在某种联系。

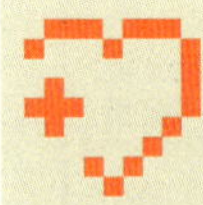

为了更好地理解对方的心思

~ 抬起头，看着对方的脸 ~

在人际交往中，理解（感受）对方的心思非常重要。否则，容易造成误会，进而影响人际关系。为了能够基本准确地揣摩出对方心里在想什么，我们需要在实际交往中积累经验，而亲身体验过欢笑、哭泣、愤怒的感情是必要的前提。在此基础上，我们要先学会换位思考，才能培养出揣摩、推测对方心思的能力。读小说、看电影时，我们要试着感受其中的情感，跟随主人公一同欢笑或哭泣，这也是培养感情洞察力的好方法。

无法准确理解别人的想法，大多是由于成长过程中与人交流不够造成的，或者自己本身就是不会直率表达喜怒哀乐的人。此外，随着科技的发展，出现了一些便利的通信工具，比如电子邮件。因为电子邮件的便利性，使很多人放弃了面对面谈话的机会，结果导致人的感情洞察能力变得更加迟钝。

如果您觉得自己就不善于读懂别人的心，并为此感到不安的话，我告诉您，没有关系，从现在做起还不晚。从现在开始，您应该抬起头，看着对方的脸说话。在人的大脑中，有一种细胞只对人的脸产生反应。通过看别人的脸，可以让这种细胞更加发达。所以，我们平时要多看别人的脸，时间一长，我们就能觉察到别人脸上的微妙变化，透过表情就能看穿内心。

心理学家卡西欧普曾做过一项实验，他想弄清人怀有喜欢和讨厌的感情时，脸上的哪个部位最活跃。结果发现，当人怀有喜欢的感情时，脸颊部位的肌肉比较活跃；而当人怀有厌恶心理时，眉毛上方的肌肉比较活跃。不知道这个结果是否准确，不过您也可以自己验证一下。

1

2

3

4

5

6

在我们的大脑中，有一种细胞只对人脸产生反应，而且这种细胞非常发达。正因为有了这种感知细胞，我们才能分辨出人脸的细微特征，从茫茫人海中一眼就能辨认出自己的熟人。也可以说，我们对“脸”的反应过度敏感。很多杂志都用人脸来做封面，目的就是抓人的眼球，促使读者购买。

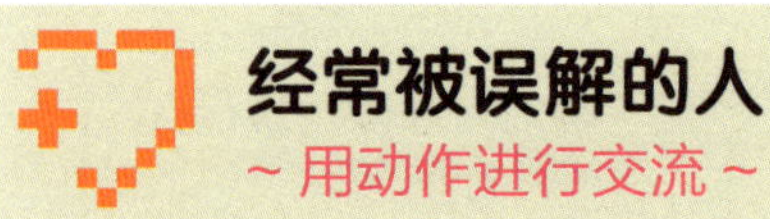

经常被误解的人

~ 用动作进行交流 ~

在我们周围，有很多人经常遭到别人的误解。本来对对方没有好感，可他的言行举止却让人觉得他喜欢对方；他本来想接近某人，可他的言行举止却引起对方的反感。这是为什么呢？也许是因为他的说话方式总被别人误解，但据我的观察，这种人大多是说话内容与举止不一致的人。因此，要想避免被别人误解，在和别人谈话时，就必须保证说话的内容与动作所表示的含义一致。

大家都了解视线的重要性，因此很多人在谈话时会注意自己的视线，但他们往往忽视了身体其他部位的姿势或动作。其实，身体的其他部位同样重要。就拿“跷二郎腿”来说，不少人尤其是男性，都有跷二郎腿的习惯。实际上，这个姿势会在有意无意之间向对方传递信息。如果正对对方跷起二郎腿，对方会认为我们对他没有敌意，或者说怀有好感；如果侧对着对方跷二郎腿，或者频繁交替跷两条腿的话，则表示我们对对方没多大兴趣。所以，有跷二郎腿习惯的人，最好注意一下自己跷腿的方式，以免给别人传递错误的信息。此外，在谈话时用手梳理自己的头发或者摸脸颊，都会让对方觉得我们对他不感兴趣。所以，如果您想建立积极的人际关系的话，最好舍弃这些习惯动作。

还有一个不可忽视的地方，就是眉毛的动作。如果有人对您“眉目传情”，而您又对对方有好感的话，那就赶快把眉毛往上挑一挑，向对方表明您的好感。相反，如果您对对方没好感，可千万别向上挑眉毛，否则一定会遭到误解。如果您的眉毛不动的话，则表示您对对方没什么兴趣。眉毛的动作之后就是眼神，如果眼神向下方移动，就是有好感的证明；如果移向上方，则表示没什么兴趣。

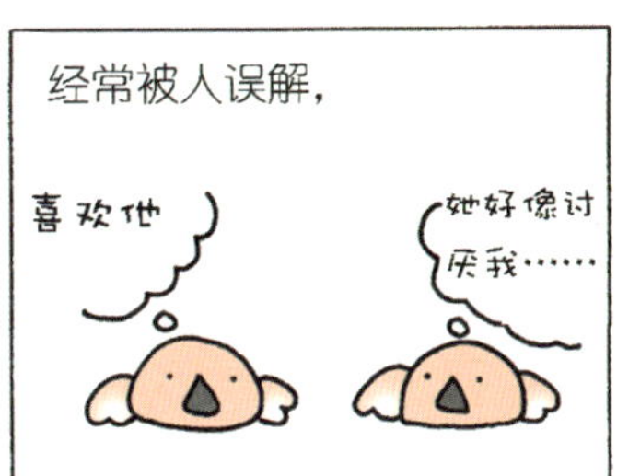

1

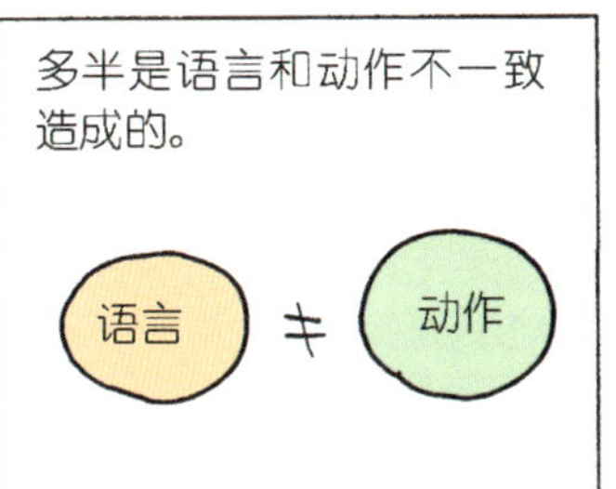

2

3

4

5

6

注意手脚的动作

前面讲过，人类善于捕捉别人脸上的微妙表情变化，因此在与人交往时，必须注意自己的面部表情。但是，手脚的动作同样也非常重要，而且从很远的地方就能看到这些动作。一般而言，在听别人说话时，最好不要用手摸自己的脸或身体其他部位。摸手指、摸脸颊、梳头发、用手指敲桌子等小动作，都会给别人留下不好的印象。此外，谈话时喜欢频繁交替两腿跷二郎腿的人，会给人一种不可靠的印象。

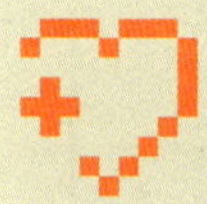

看穿对方谎言的方法（1）

~ 手脚的动作会让谎言露出破绽 ~

有时，光靠语言追问无法戳穿对方的谎言。不过，谎言终归不是真实的，所以总会在哪儿露出破绽。那么，要看穿对方的谎言，我们该留意哪些地方呢？

日本有句俗语叫作“谎言会写在脸上”，实际上，想从脸上看出说谎的破绽，还是有一定难度的。为什么这么说？因为虽说脸是最容易流露表情的地方，但说谎者同样知道这个道理，所以他们会格外小心地掩饰自己的表情。严加防守的地方，也是最难取得突破的地方。所以，我们应该把注意力放在说谎者容易疏忽的手脚动作上。

1. 用手摸脸

说谎之后，人手部的动作会有意无意地变得不自然，比如摸摸嘴角、脸颊、鼻子等。因为说谎者会下意识地想用手把嘴遮掩起来，生怕一不小心就把真话说出来。这也算是一种防卫机制吧。

2. 把手隐藏起来

说谎后，手部动作会不自然，如果被对方看到的话，谎言就有可能被戳穿。了解到这一点的，算是中级水平的说谎者。他们会有意把手隐藏起来，比如插入口袋等。也有人把手抱于胸前或放在背后。

3. 腿脚的动作变得活跃

频繁地交替双腿跷二郎腿，单调地摇摆双脚，这是说谎者常见的动作。腿和脚不直接朝向对方，也是非常可疑的。

4. 点头的次数增加

人说谎后，再与别人谈话时，点头的次数有增加的倾向。因为说谎者担心一旦谈话停止，自己会显得尴尬或不自然，因而容易被对方看穿。所以，为了使谈话顺利进行下去，他们会频频点头赞同对方所说的话。

1

2

3

4

5

6

犯罪嫌疑人接受采访

2008年，日本某地发生了一起凶杀案。一名职业女性回家后，遭到袭击并被杀害。事发后，电视台的记者赶到现场，采访了被害人的邻居。结果，这个邻居说并没看到可疑的人或发现可疑的迹象。奇怪的是，他在接受采访时频频摸自己的嘴角。后来，经过警方调查，这个邻居正是凶手。

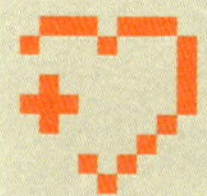

看穿对方谎言的方法（2）

~说话方式中露出的蛛丝马迹~

除了动作之外，从说话方式中也能发现说谎的蛛丝马迹。如果留意说谎者的说话方式，我们会发现一些不自然的地方。说谎者的说话方式具有以下特征。

1. 说话结结巴巴

人在说谎之后，谈话中“这个……那个……”支支吾吾地不知道说什么好的情况不断出现。这是因为说谎者为了掩饰谎言，觉得自己必须得说些什么，但一时又想不出来，于是就出现了结结巴巴的情况。

2. 不自然地喋喋不休

有的人说谎后会变得结结巴巴，而有的人刚好相反，变得喋喋不休。后者属于中级说谎者，他之所以这样做是为了不给对方思考的时间，以防自己的谎言被揭穿。然而，喋喋不休的话语中，也常会泄露想隐藏的重要信息。

3. 追加说明

“晚上我和同事去喝酒了……，那个人是佐藤君……”像这样，在后面对前面的内容进行追加说明，这也是隐藏谎言的一种表现，觉得不进行说明会引起对方的怀疑。实际上，刻意的说明，反倒有此地无银三百两的意味。

4. 回答速度超快

说谎的人担心自己说话结巴的话会被人怀疑，所以他们会对对方所说的话迅速做出反应，于是回答问题时速度超快。说谎之后，人最害怕对话中出现僵局，一旦沉默下来他们将不知所措，所以必须让谈话继续下去。因此他们会非常认真地听对方说话，并且快速做出反应。

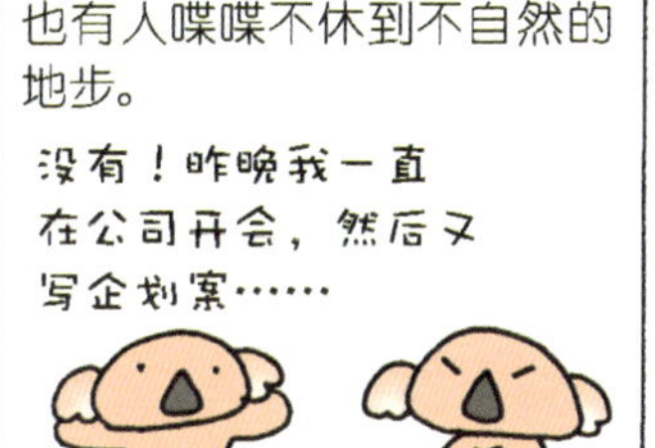

无意识的转移

人不仅会有意识地说谎，还会无意识地说谎。人的记忆很有趣，对于看到的事物、听到的话，人会站在有利于自己的角度加以理解，然后就按照自己的主观想法进行记忆，以致很多记忆都是不符合事实的。这叫作“无意识的转移”。对于自己讨厌的事物或者持有某种固定观念的时候，特别容易发生无意识转移。

通过视线看透别人心中所想

~ 视线读心法 ~

俗话说“眼睛是心灵的窗户”，留意别人眼睛的“动向”，有时就可以猜透他们的心思。在心理学上，很多学者都曾研究过“眼睛动向”与“内心动向”的关系。您也可以自己做一些实验，在问别人问题之后，留意他们眼睛的动向，相信您也会受到一些启发。

如果对方的视线向左上方移动，说明他想起了过去的体验或以前看到的情景。如果视线移向右上方的话，对方多半是在想象未来或以前不曾见到过的光景。如果视线移向左下方的话，说明他正在寻找适当的措辞。此外，当人头脑中回响起音乐声的时候，视线也有向左下方移动的倾向。如果视线移向右下方的话，则大多是想到了与味觉、嗅觉相关的记忆。

当然，人与人是不同的，个人差异非常明显。所以，上述结论不可能适用于每一个人，只能说明一个大体的倾向。不过，通过这个例子我们至少可以了解到，把握人的行为倾向之后，对于建立良好的人际关系有非常大的帮助。

此外，观察人“眨眼睛”也能得到非常有趣的结论。美国心理学家曾在 1988 年的美国总统大选中，对老布什和杜卡基斯的电视辩论进行了研究，他们记录了两位候选人在电视辩论中眨眼的次数。结果，老布什的眨眼次数为每分钟 20 次左右，属于普通水平；而杜卡基斯每分钟眨眼次数超过了 60 次。研究人员推测，杜卡基斯非常紧张。另外，当两位候选人被问到“堕胎问题”时，杜卡基斯的眨眼频率没有任何改变，而老布什则在一瞬间暂停了眨眼，然后才开始回答问题。这说明老布什在认真思考这个问题。

在谈话途中，如果对方眨眼频率突然加快的话，那多半说明他感到紧张或不安。

1

视线移向右上方的人，在想象未来或以前没见过的事物。

2

视线移向左上方的人，想起了过去的体验或以前看到过的情景。

3

看右下方的人，想到了与味觉或嗅觉相关的记忆。

4

看左下方的人，正在寻找合适的措辞，或想到了音乐。

5

我们调查一下……

好！看痞袋鼠到底在想什么。

6

1998 年，美国总统克林顿与白宫实习生莱温斯基爆出绯闻。克林顿在最初的记者会上，否定了自己与莱温斯基有染的传闻。可是，在记者会上，克林顿的眨眼频率达到了每分钟 70 次，是他平时眨眼频率的 7 倍。这说明他心中紧张，是在说谎。

为了建立更好的人际关系（1）

～脑内物质血清素的力量～

要想与他人建立稳定、和谐的人际关系，首先必须在尊重他人的前提下直率地表达出自己的想法。此外，学会准确把握别人的心思也非常重要。把自己的心里话说出来，与此同时还能理解对方心中的想法，这样一来，在人际交往中我们就不会产生太多的心理负担或心理压力。

再有，与人交往的过程中不可能一帆风顺，可能会被人误解、遭人忽视或听到不中听的话，遇到这种情况谁都难免会不开心甚至悲伤。不过，我们不能把这些负面感情积压在心里，要想办法发泄出来或转换心情。倘若能这样，原来不愉快的情绪，也能变成促进我们前进的动力。

科学家经过研究发现，人转换心情的能力和一种名为“血清素”的脑内物质密切相关。血清素是神经之间相互交流和传递信息的一种媒介物质。如果合成血清素的血清素神经正常工作的话，那么人就不会被一时的感情所左右，能够冷静地审视自己与他人的关系，并采取一种现实的、向前看的态度来处理人际关系。换句话说，血清素具有让人情绪稳定的作用。

如果血清素神经非常活跃的话，还有助于提高我们揣摩他人心思的能力。我们会站在对方的立场上，设身处地地感受对方现在在想些什么。“我能理解他的心情”这种感受是建立良好人际关系所必不可少的。

血清素除了可以改善人的情绪之外，对睡眠、呼吸、食欲、消化等各种身体机能都有很大的影响。例如，如果人体内血清素不足的话，睡眠状况就会恶化，无法进入深度睡眠甚至失眠。此外。还会引发怎么睡也睡不醒的症状，最终打乱人体生物钟的节奏。

1

2

3

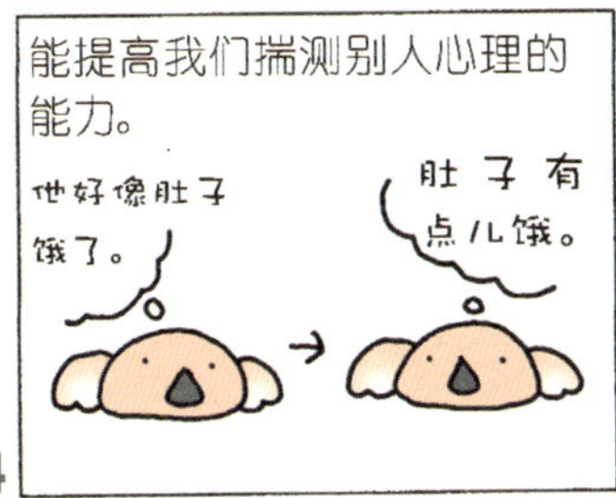

4

5

6

脑内物质血清素与人的情绪、食欲、睡眠、运动、呼吸、消化等都有着密切的联系。它可以控制令人愉快和不愉快的“神经”，具有镇静的作用。如果人体合成血清素的神经不能正常工作的话，人的身体和心理的平衡都会被打乱。

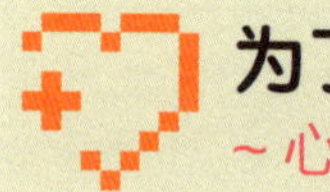

为了建立更好的人际关系（2）
～心态平衡的生活～

既然血清素那么重要，那么我们该如何增加体内血清素的活力？如何过心态平衡的生活呢？其实也很简单，就是注意饮食的平衡，常晒太阳，适量运动。比如，每天在阳光下快步走 30 分钟，调节身心的作用就非常明显。有节奏感的运动，或能带来爽快感的运动，都有助于刺激体内血清素的活力。以前有句俗话叫作“健全的心理来自健康的身体”，这句话不无道理。

追究身心健康的生活要有持之以恒的毅力。对于普通人来说，通过合理饮食、常晒太阳、适量运动的方法改善身心健康，至少需要几周时间才能见效；而对于已经积累了不少精神压力的人来说，则需要几个月的时间。也许刚开始没什么效果，但只要坚持下去，首先心态会变得平静、和谐，然后身体也会跟着舒爽起来。可是，对于忙碌的现代人来说，每天抽出时间来锻炼似乎有些不太现实，但其实锻炼的机会无处不在，比如每天上下班可以提前一两站下公交车或地铁，剩下的路用双脚来完成。

此外，人是社会动物，多与人交流也是增强血清素活力必不可少的手段。所以，像“宅男”“腐女”这样与人交往机会少的人，为了身心健康，还是要尽量多地出门找人交流。也有的人虽然每天接触很多人，但大多停留在打个招呼、闲聊两句的交往程度，这样的交流是远远不够的。在与人谈话的同时，还应该揣摩对方的心理、感受对方的情绪。这样不仅有助于建立良好的人际关系，还有助于增强自身的身心健康。

在与人交往的过程中，产生各种矛盾、纷争在所难免，但我们不能因此就逃避与人接触。只有多与人交往，学会解决矛盾、纷争的方法，才能让我们进一步成长和成熟起来。要采取一种积极的、向前看的态度来对待人际交往，我们至少应该了解，这样对自己的身心有好处，而同时，又能为自己营造一个稳定、和谐的人际关系。

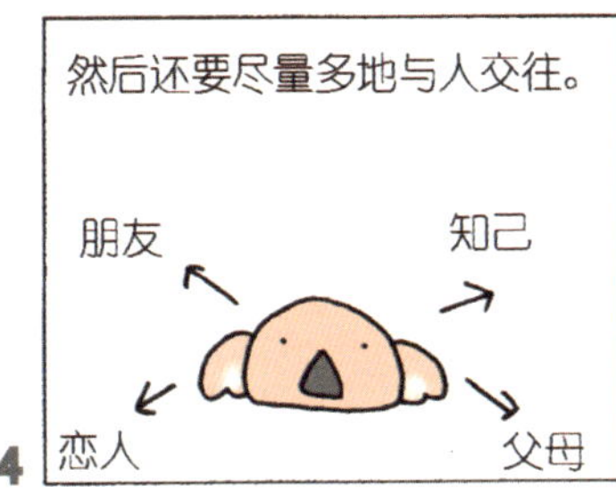

提高血清素的活力，有节奏感的运动是不错的选择。每天不用花太长时间做运动，但要长期坚持。如果不能坚持慢跑或散步的话，可以每天在家里做原地踏步运动。此外，饮食和生活也要有规律，要做到营养全面、荤素搭配。吃饭的时候注意细嚼慢咽。

后记

了解自己行为背后的心理，了解自己真正的感情，思考自己原本应有的样子，这就是我编写这本书的初衷所在。

本书中还介绍了活出自我、活出个性的方法，即自我磨炼的一些方法，但并不全面。我所讲的这些方法，只是挖掘自己的个性、展现这些个性的方法中非常小的一部分。我希望能够起到抛砖引玉的作用，希望您以此为契机，能找到更多的方法让自己活得更有个性、更像自己。

了解了原理和方法之后，更重要的是实践。不知为什么，迈出第一步对很多人来说是非常困难的。本来，磨炼自己也不是一件简单的事，所以不要去想什么捷径，埋头努力实践才是第一要务。

一旦迈出第一步后，就不要去考虑什么“这个行为有意义吗”之类的问题。考虑行为本身的意义，容易让我们失去动力。所以，不要考虑太多，自然地去做就好了。

如果能够稍微改变一下视角去看待自己和别人，我认为这就是一个非常可喜的进步。

此外，本书是一本教您修炼自身内涵的心理学书籍，如果能够和“实用心理学”书籍一起读，效果就更好了。“实用心理学”书籍主要是指介绍人际关系心理学的书籍。

准确地了解自己，准确地表现自己，如果还能把握与人相处的窍门，那您的人生一定能变得丰富多彩而且充实快乐！更好地了解别人，还能成为更加了解自己的一个突破口。而了解自己，也有助于我们更好地了解别人。

在与人交往的过程中，我们都希望能与人和睦相处，建立良好的人际关系。不过有的时候，即使我们掌握了很多心理学知识，并努力把它们用于改善人际关系的实践，但结果也许并不能令我们满意，对方似乎对我们的努力无动于衷，在这种情况下，很多朋友会心生疑惑：“我这么努力，为什么他就不能理解我的心情？”人在努力后都想获得回报，而当结果不如预期美好时，就会生气，甚至把怒气加到对方身上，从而使人际关系陷入危机。如果是这样的话，岂不是违背了我们的初衷？

要知道，生活是现实的，并不是所有努力都会得到相应的回报。重要的不是去改变别人，而是自己付出了努力。而且，我们努力去做的不是改变别人，而且努力理解他们。理解别人的心情，学会站在对方的立场上思考问题,将对我们今后的人际交往大有裨益。如果能做到这一点，您就和一个心胸宽广、视野开阔的人相距不远了。

心理学并不是改善人际关系的特效药，也不是解决一切人际交往问题的魔法。通过学习心理学，我们应该从“对”与“不对”的束缚中解放出来，因为人际关系中没有绝对的“正确”与“错误”。人际交往是互动的。只有放下心理的偏执,才能让自己的“心”去与别人的“心”交往。而心理学，只是让我们保持心态平衡、生活充实的一种工具。

最后要说的是，想把“心”的问题弄清楚，是一件非常困难的事，不过正因为如此，才是一件非常有趣的事。希望本书中的一点点心理学知识，能够帮助您了解自己、活出自我，获得真正的幸福！

木瓜制造 / 原田玲仁

日本最当红心理学作者
原田玲仁独家授权、最正宗的恋爱心理学

— 日本最多人分享让恋爱运UP的心理书 —

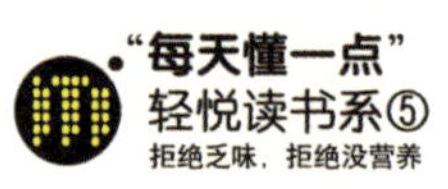

随书附赠
恋爱桃花开运签！

懂得心理学，强力提升恋爱运！

想谈恋爱、正在谈恋爱的要看，
恨嫁的、愁娶的也要看，爱无能的更要看！

每天懂一点·行为心理学》

日本最快破解身体语言的心理书

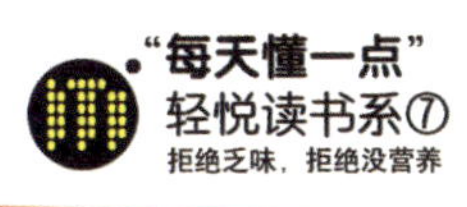

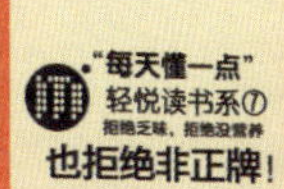

—日本最快破解身体语言的心理书—

每天懂一点

行为心理学

しぐさのウラ読み

[日]匠英一＝著 郭勇＝译

凤凰出版传媒集团 江苏文艺出版社

博集天卷 CS-BOOKY

人人都需要便捷的读心术

·以大家亲身经历的小事为例子，讲解连FBI都要学习的最基本的读心术。

·教您掌握通过小动作读取真心的技巧，从而消除人际关系中的各种烦恼，也把自己看得更清楚。

提示：本书没准会**颠覆**你对自己和他人的**固有观念**哦。

以大家亲身经历的小事为例子，
讲解连FBI都要学习的最基本的读心术。

《每天懂一点·人际关系心理学》

将人际烦恼一扫而光的心理书

日本当红心理学作家**原田玲仁**最新超实用力作

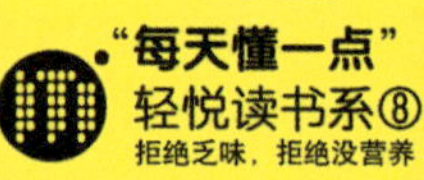

教您百试百灵的心理技巧，
轻松建立和谐、深入、亲近的关系！